IMPRESSION
...
EXPRESSION

Magazin für Kultur und Literatur

Second Edition

Wolff A. von Schmidt
University of Utah

Gerhard P. Knapp
University of Utah

Mona Knapp

In cooperation with Mladen Maric, University of Utah

Heinle & Heinle
A Division of Wadsworth, Inc.
Boston, Massachusetts 02116 U.S.A.

Publisher: Stanley J. Galek
Editor: Petra Hausberger
Project Manager: Stacey Sawyer, Sawyer & Williams
Production Supervisor: Patricia Jalbert
Manufacturing Coordinator: Lisa McLaughlin
Text and Cover Design: Jean Hammond

Copyright © 1991 by Heinle & Heinle Publishers

All rights reserved. No part of this publication may be reproduced or transmitted in any form or by any means, electronic or mechanical, including photocopy, recording or any information storage and retrieval system without permission in writing from the publisher.

Heinle & Heinle Publishers is a division of Wadsworth, Inc.

Manufactured in the United States of America.

ISBN 0-8384-1985-2

10 9 8 7 6 5 4 3 2 1

Contents

1 Wohnen und Familie
„Trautes Heim, Glück allein"   1

„Alle Woche wieder" von Peter Härtling   2
„Die ‚halbe' Familie"   7

2 Freizeit
Läßt es sich so leben?   11

„Aus der Tanzstunde" von Isabella Nadolny   12
„Birne im Fernsehen" von Gunter Herburger   15

3 Schule und Universität
Lernen damals und heute   19

„Der erste Schultag" von Gerhart Hauptmann   20
„Wie studiert man in der ehemaligen DDR?"   25

4 Deutschland
Gestern und heute   27

„Letzte Ansprache" von Ricarda Huch   28
„Ein glorreicher Sommer" von Stephan Hermlin   32

5 Stimmen aus Österreich und der Schweiz
Reportage, Legende, Tagebuch   39

„Weihnachtstännchen im Topf"   41
„Zwei Legenden" von Karl Heinrich Waggerl   43
„Wie hast du's mit Amerika?" von Peter Bichsel   49

6 Proteste und Manifeste
Alternativen   55

„Abendlied" von Matthias Claudias   56
„Abendlied—1973" von Karlhans Frank   58

„An den Mond" von Johann Wolfgang von Goethe 59
„Goethe an Nixon" von Fitzgerald Kusz 60
„Dann gibt es nur eins!" von Wolfgang Borchert 62
Manifest: „Frauen gegen die Atombewaffnung" 65
Manifest: „Kleine Magna Charta" von Arnold Krieger 66
„Dame am Steuer" von Gertrud Fussenegger 69

7 Die Welt der Arbeit
Drei Perspektiven 73

„Frauen als Leiter" 74
„Schichtwechsel" von Angelika Mechtel 78
„Die Schienenleger" von Axel Schulze 82

8 Musik und Literatur als Hobbies
Goethe und Schubert 85

„Goethe und seine Zeit" von Ludwig Tieck 86
„Schubert-Lieder: Wandrers Nachtlied" von Johann Wolfgang
  von Goethe 89
„Heiden-Röslein" von Johann Wolfgang von Goethe 90
„Am Brunnen vor dem Tore" von Wilhelm Müller 91
„Franz Schubert (1797–1828)" 93

9 Stadt und Land
Einfach ist es nirgends 99

„Kreuzberg, 1964" von Ingeborg Bachmann 100
„Das grüne Monster" 103
„Straßentheater" von Ingeborg Drewitz 108
„Abschied in der Vorstadt" von Erich Kästner 114

10 Der Mensch und die Medien
Wer beherrscht wen? 117

„Reklame" von Ingeborg Bachmann 118
„Fernsehprogramm" 120
„TV für Kinder?" 123
„Sind Videospiele für Kinder gefährlich?" 125
„Geographie der Schlachtfelder" von Peter Bichsel 129

Important Strong and Irregular Weak Verbs and Modal Auxiliaries 135

Foreword

Impression / Expression: Magazin für Kultur und Literatur (second edition) is a reader specifically designed for students of German at the intermediate (second and third year) college or high school level. The text has been substantially revised for this second edition, which contains numerous new selections. Each of its ten chapters presents both cultural and literary readings related to the corresponding chapter theme in the parallel intermediate text, ***Impression / Expression Deutsch: Wiederholung und Erweiterung*** (second edition). However, the reader may also be used independently in second-year reading conversation courses or as a third-year textbook.

The readings have been selected to help familiarize intermediate level students with the cultural and literary ambience of Germany, Austria, and Switzerland. Two cultural texts from the former German Democratic Republic have been reprinted here as a deliberate attempt to maintain historical perspective beyond the reunification of 1990. Both the educational system and the role of women as developed by the GDR will exert considerable influence on the cultural development of a united Germany in the years to come.

In addition, the cultural readings deal with various social, political, economic, and educational issues, as well as with lighter topics such as fitness and leisure time. Frequently, the problems addressed are similar to those encountered in North America, thus the discussion topics are designed to encourage comparison with the student's own socio-cultural context. With the exception of the Schubert biography in Chapter 8, the cultural selections are contemporary.

Most of the literary selections are from the twentieth century, although earlier centuries are represented by the works of Goethe, Claudius, and Tieck. Practically all are full-length, independent texts designed to be mastered in one sitting. Like the cultural readings, they have been edited as little as possible and appear wherever possible in the original form directed at native German speakers. Marginal glosses are provided where necessary.

Each text is preceded by **Was meinen Sie?,** which opens up the topic on a conversational level. Literary texts are also preceded by brief biographical notes and a description of the text. All selections are followed by cultural annotations (**Übrigens . . .**), a list of important idioms and expressions from the reading, and, most important, by numerous supporting exercises. These are creative and communicative and include group activities such as role play, debates, and opinion polls.

This reader contains more selections than can be dealt with in a typical course, and deliberately so, to give the instructor the option of selecting those readings that best suit the abilities and interests of a given class. The range of difficulty has been composed with this in mind.

Finally, the Appendix provides a list of Important Strong and Irregular Weak Verbs and Modal Auxiliaries and an end vocabulary listing with annotations indicating the chapter of first occurrence.

Foreword

In compiling this reader, we have had one major goal in mind: to give an accurate picture of the multifaceted world of German literature and culture. We have avoided a placid and lifeless approach to literature, just as we have avoided a "tour-guide" approach to culture. Instead, we hope that the readings included here portray the fascinating dynamics, controversies, and contradictions that form German socio-cultural life.

We would like to acknowledge the contributions made by the following persons who read the manuscript and offered their criticism and suggestions:

David Dollenmayer, Worcester Polytechnic Institute
Lana Rings, University of Texas, Arlington

Special acknowledgments are due Mladen Maric for his contributions throughout the project. We would also like to extend great thanks to Stacey Sawyer, Project Manager, Stanley Galek, Publisher, Petra Hausberger, Editor, and Patricia Jalbert, Production Supervisor, for their helpful suggestions and support.

Wolff A. von Schmidt
Gerhard P. Knapp
Mona Knapp

1

Wohnen und Familie

...

„Trautes Heim, Glück allein"

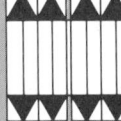

„Alle Woche wieder"

Was meinen Sie? Fragen zur Diskussion

1. Verbringen Sie Ihre Wochenenden in der Familie? Oder mit Freunden? Oder allein? Was tun Sie gern—und warum?
2. Machen Sie „Gartentage" am Wochenende? Wenn ja, wie?
3. Warum fürchten sich manche Menschen vor den Wochenenden?

Alle Woche wieder

Peter Härtling

Peter Härtling, geboren 1933, ist ein einflußreicher Schriftsteller und Herausgeber. Er wohnt heute in Walldorf im Land[1] Hessen. In seinen Essays, Gedichten und Prosawerken betont er immer das Dilemma des Individuums innerhalb der Gesellschaft. Viele seiner Werke handeln von Familien, von Kindern und Heranwachsenden. „Alle Woche wieder" erschien 1975 in der Anthologie „Zum laut und leise lesen. Geschichten und Gedichte für Kinder." Der Text beschreibt ein typisches Wochenende bei einer ‚typischen' bürgerlichen Familie. Der Tag wird aber nicht zur harmonischen Idylle, sondern er bringt Ärger, Streit und Enttäuschung. Härtling verwendet Satire und Ironie, um solche Wochenenden zu kritisieren. Der Titel ist eine parodistische Variante des bekannten Weihnachtsliedes „Alle Jahre wieder".

Denkt bloß nicht, daß es nur große Katastrophen gibt. Ich kenne eine Familie, bei der ist jedes Wochenende — nein, ich will nicht übertreiben: fast jedes Wochenende — eine Katastrophe. Alle strengen sich an, besonders sonntäglich[2] zu sein, was dazu führt, daß ihnen alles schiefgeht, daß sie schon am Morgen alle schlecht gelaunt sind. Der Vater geht die Woche über° zur Arbeit, kommt meistens spät nach Hause und seine Frau und die drei Kinder nehmen halt „Rücksicht"° auf ihn, das heißt: sie erzählen ihm lieber nur angenehme Dinge, schonen ihn überhaupt, stören ihn nicht beim Zeitunglesen oder beim Fernsehen, reden beim Abendessen sogar etwas leiser, was er dann wieder entsetzlich findet, und die Mutter pflegt den Kindern, hören sie ihn mit dem Auto vorfahren°, zu sagen: Seid lieb, der Papa hat einen schweren Tag hinter sich.

Ich bin sicher, das ist in vielen Familien so. Die Kinder könnten sich fragen, ob sie nicht auch einen schweren Tag hinter sich haben, und die Mutter vor allem. Doch so fragt man nicht.

Weil alle Tage der Woche schwer waren, soll der Sonntag ganz anders sein, und wenn es nicht der Sonntag ist, der Samstag. Man plant Ausflüge, redet sich schöne Reiseziele ein und der Vater brummt° seinen Kommentar dazu. Außerdem habe

die ... *during the week*
consideration

drive up

growls

„Trautes Heim, Glück allein"

files / stomach pains — er Akten° mit nach Hause gebracht; außerdem leide er unter Magenschmerzen;° außerdem müsse er das Auto mal wieder waschen; außerdem gehe ihm alles auf die Nerven. Die Mutter hält sich sehr zurück, sagt kaum ein Wort, die Kinder werden

grumpy — mürrisch° und sehen das Wochenende zum normalen Wochenende werden.

blendender ... high spirits — Aber es kann passieren, daß der Vater am Freitagabend in blendender Laune° nach Hause kommt — selten! —, keine Akten mitbringt und den Vorschlag macht: Wißt ihr, immer mit allen diesen Idioten über die Autobahn zu fahren und sich dann durchs Grüne zu drängen,³ das finde ich dumm. Wir machen einen richtigen Gartentag. Wir machen Spiele, unterhalten uns und am Abend braten wir Würstchen auf

well-versed — dem Grill.⁴ Die Mutter und die Kinder, geübt° in derartigen Gartentagen, schlucken hart, stimmen jedoch zu.

turn out — Und jetzt erzähle ich einfach, wie solch ein Gartentag verlaufen° kann. Der Vater steht ziemlich spät auf, während die Mutter schon die Würstchen eingekauft hat⁵ für den Abend und der älteste Sohn, um den Vater zu erfreuen, das Auto gewaschen hat, wobei ihm seine jüngere Schwester half. Der jüngste Sohn hingegen hat sich zu

retreated — Nachbarn verzogen,° er ist schlau und will die Gewitter aus der Ferne sehen. Der Vater kommt aus dem Badezimmer, man hört ihn im Schlafzimmer fluchen, er sucht

Wir machen einen richtigen Gartentag ...

1 Wohnen und Familie

brüllt ...	*yells at her*
	intensification
	monstrosity
die ...	*gets the mother very upset* / *clatter*
	uproar
feststellen ...	*was forced to conclude* / *served*
	mallet
	used for a deviant purpose
	horrible news / *in a bad mood*
	anyway
	clogs
mit ...	*with narrowed eyes*
	wash ("scrub around") / *verläuft ... passes without incident*
	initiative
schickt ...	*resigns himself*
	takes him in
	falls down with a bang / *mess, total loss*
	chess / *zu ... to their amazement*
	patiently / *conclusion*
in ...	*in a better state of mind*
	tongs
achtete ...	*paid her no more attention*
	pub, inn

sein leichtes Gartenhemd und findet es nicht. Warum es nie an eine bestimmte Stelle im Schrank gelegt werde! Die Mutter kommt mit den Würsten nach Hause, der Vater brüllt sie an,° wie das denn mit dem Hemd sei. Sie sagt, sie habe vergessen, es zu waschen, was eine Steigerung° des väterlichen Gebrülls bewirkt. Die beiden Kinder hören auf, das Auto zu waschen. Nach einer Weile beschließt der Vater, eben ein anderes Hemd anzuziehen. Die Mutter sitzt in der Küche und heult vor sich hin. Der Vater kommt aus dem Schlafzimmer, geht durch die Küche, setzt sich in den Garten, schreit nach der Zeitung, die ihm die Tochter bringt, liest zwei Stunden und erklärt dann, es sei eine Ungeheuerlichkeit,° daß er noch kein Frühstück bekommen habe, was die Mutter in größte Aufregung versetzt.° Sie fängt in der Küche an mit Geschirr zu klappern.° Das wiederum regt den Vater auf. Man höre das Geklapper bis in den Garten. Ob das denn nötig sei? Der jüngste Sohn verfolgt das Getöse° aus der Entfernung. Der Vater beschließt, nachdem er gefrühstückt hat und feststellen mußte,° daß er kein weiches, sondern fast ein hartes Ei vorgesetzt° bekommen habe, mit der ganzen Familie Krocket zu spielen. Die Tochter rennt in den Keller, um das Krocket zu holen. Mit Schrecken bemerkt sie, daß ein Schläger° fehlt.

Den hat wahrscheinlich der Kleinste zweckentfremdet.° Sie geht zur Mutter und flüstert ihr die neue Schreckensnachricht° ins Ohr. Der Vater, mißgelaunt,° wünscht sich eh° ein Unglück nach dem anderen. Also merkt er auch gleich, daß etwas nicht stimmt. Er kommt in seinen kaputten Holzpantinen° in die Küche, sieht mit zusammengekniffenen Augen° seine Frau an, dann seine Tochter und fragt sehr leise: Wo ist das Krocket? Die Tochter erwidert: Es ist schon da. Der Vater sagt: Gut, dann wollen wir spielen. Aber es fehlt ein Schläger, sagt die Tochter. Worauf der Vater nichts erwidert, sondern erneut in den Garten hinausgeht, sich auf die Bank wirft, die Beine von sich streckt, den Ältesten ruft und ihm verbietet, wieder an dem Auto herumzuschrubben.° Das Mittagessen verläuft ohne Störungen,° doch auch ohne ein Wort des Vaters. Die Mutter räumt seufzend ab und entschließt sich zu einem eigenen Vorstoß:° Wir könnten doch spazierengehen.

Meinetwegen könnt ihr gehen, antwortet der Vater. Doch ohne mich. Ihr habt mir heute schon so viel angetan — ich kann nicht mehr.

Die Mutter sagt: Daß du dich immer über Kleinigkeiten aufregst. Worauf Vater und Mutter gut eine Stunde darüber streiten, was Kleinigkeiten sind oder nicht.

Die Kinder haben in das winzige Gartenbassin Wasser gelassen, kümmern sich nicht mehr um die Eltern, baden. Der Vater findet erst den Lärm entsetzlich, schickt sich° dann aber in die Situation, zieht sich im Schlafzimmer um und kommt in der Badehose herunter. Als ihn der Jüngste so sieht, rennt er schleunigst wieder zu den Nachbarn und sagt der freundlichen Frau, die ihn dort gelegentlich beherbergt:° Wenn der Alte jetzt noch im Bassin hinknallt,° ist der Sonntag endgültig futsch.°

Die beiden Älteren haben das Bassin verlassen und sehen ihrem Vater zu. Er knallt nicht hin. Und drei Stunden ist Ruhe. Der Vater spielt nicht mit ihnen Krocket, er versucht, ihnen Schach° beizubringen. Das tut er, zu ihrem Erstaunen,° ausdauernd° und ruhig. Das letzte Unglück, ein richtiger Abschluß° für diesen Tag, passierte beim Grillen. Der Vater, jetzt in besserer Verfassung,° hatte alles selbst in die Hände genommen und drehte mit einer Zange° die Würste auf dem Rost. Mit einem leichten Knall sprang eine der Würste, und ein paar Spritzer Fett trafen die Backe des Vaters. Er schrie auf, warf die Zange blindlings in den Garten und beschuldigte seine Frau, Würste gekauft zu haben, die sich zum Grillen nicht eignen. Die Mutter verteidigte sich. Der Vater achtete gar nicht mehr auf sie.°

Er ging sich umziehen, setzte sich in das Auto und sagte, er werde in der Kneipe° zu Abend essen, wo ihm niemand auf den Nerven herumtrampele. Das Wochenende war eines gewesen. Die Kinder trösteten die Mutter. Die Mutter tröstete die Kinder. Sie aßen ohne den Vater die Würste, die vorzüglich schmeckten. Sie saßen noch eine Weile im Garten, gingen dann ins Bett. Der Vater kam spät nach Hause.

...

Übrigens . . .

1. Germany has states (**Länder**), which are closely integrated within the federal government's administrative and political system.
2. Sunday-like behavior can be highly ritualized in middle-class German families. The rituals, such as dressing up, fixing the best meal of the week, and taking a family walk in the afternoon, are known to put stress on everyone involved.
3. Because of Germany's dense population, the open spaces (forests, fields, lakes) are notoriously crowded, especially on weekends. They are accessible to many only by means of long freeway trips.
4. Barbecuing (**grillen; der Holzkohlengrill**) has become very fashionable in Germany in the last decade, partially in imitation of the American custom.
5. Closing laws (**Ladenschlußgesetze**) require that all stores close from Saturday noon until Monday morning. Therefore, Saturday morning is used by nearly everyone for weekend food shopping.

> Alles in der Welt läßt sich ertragen, nur nicht eine Reihe von schönen Tagen.
>
> *Johann Wolfgang von Goethe*

Ausdrücke und Redewendungen

alles geht schief   everything goes wrong
schlecht gelaunt sein   to be in a bad mood
halt (*Umg.*)   just, simply (often indicates resignation)
etwas zu tun pflegen   to be in the habit of doing something
etwas hinter sich (*Dat.*) **haben**   to be done with something
sich (*Dat.*) **etwas einreden**   to talk oneself into something
geringfügig sein   to be insignificant
alles geht einem auf die Nerven   everything gets on one's nerves
sich zurückhalten   to stay in the background
einen Vorschlag machen   to make a suggestion
eben (*Umg.*)   simply; just
vor sich hin heulen   to cry to oneself
　vergleiche:
　Er murmelte vor sich hin.   He muttered to himself.
　Sie starrte vor sich hin.   She stared into space.
etwas stimmt nicht   something is not right
meinetwegen   for all I care

jemand (*Dat.*) **etwas antun**   to harm someone, to put someone through something
etwas selbst in die Hände nehmen   to take something into one's own hands
sich eignen zu/für   to be suitable for some purpose
  Das dünne Glas eignet sich nicht für Fenster.   That thin glass is not suitable for windows.
jemand (*Dat.*) **auf den Nerven herumtrampeln**   to grate on someone's nerves

Übungen

A **Zum Inhalt:** Richtig oder falsch? Wenn falsch, warum?

1. Der Vater nimmt immer Rücksicht auf seine Familie.
2. Die Familie nimmt immer Rücksicht auf den Vater.
3. Jeder in dieser Familie freut sich auf die Wochenenden.
4. Ein „Gartentag" bedeutet, daß alle im Gemüsebeet arbeiten.
5. Wenn der Vater schlecht gelaunt ist, flüchtet der jüngste Sohn in sein Zimmer.
6. Wenn die Wurst nicht geplatzt wäre, wäre an diesem Tag alles in Ordnung gewesen.

B **Wie reagieren Sie?** Nehmen Sie Stellung. Stimmen Sie mit diesen möglichen Reaktionen überein? Stimmen Sie nicht überein?

1. Der Vater tut mir leid.
2. Die Mutter und die Kinder tun mir leid.
3. Diese Familie ist ganz typisch.
4. Ein Eigenheim mit Garten müßte Menschen glücklich machen: diese Menschen sind also glücklich. Ihre Schwierigkeiten sind geringfügig.
5. Das Verhalten des Vaters ist ganz berechtigt.
6. Zuviel Freizeit führt immer zu solchen Katastrophen.
7. Die Kinder und die Mutter hätten die Katastrophe verhindern können.

C **Gruppenarbeit.** Diskutieren Sie in Gruppen von 4-5 Personen über eines der folgenden Themen. Berichten Sie über Ihre Ergebnisse:

1. Die Figuren dieser Geschichte spielen „klassische" Rollen. Der Vater verdient das Geld und macht sich zum Tyrann. Die Mutter fügt sich und wagt keinen Widerspruch. Was halten Sie von solchen Rollen?
2. Die Kinder dieser Familie sind privilegiert—im materiellen Sinn. Könnte man sie auch als unterprivilegiert ansehen? Warum (nicht)?

D **Gruppenarbeit.** Spielen Sie Rollen.

1. Der Vater sitzt in der Kneipe und berichtet seinen Bekannten über den verdorbenen Sonntag.
2. Ein Psychologe versucht, die Familie zu beraten, wie sie besser miteinander auskommen können.
3. Die Kinder der Familie erzählen am folgenden Montag in der Schule über ihr häusliches Leben und über das vergangene Wochenende.

„Trautes Heim, Glück allein"

„Die ‚halbe' Familie"
...

Was meinen Sie? Fragen zur Diskussion

1. Kennen Sie Familien, in denen nur die Mutter oder der Vater die Kinder erzieht? Finden Sie das gut?
2. Sind „halbe" Familien manchmal glücklicher als „ganze"? Warum/Warum nicht?
3. Warum, glauben Sie, gibt es heute so viele „halbe" Familien? Könnte man das ändern?

Die „halbe" Familie

 Rund 140 000 Väter in der [ehemaligen] Bundesrepublik Deutschland erziehen ihre Kinder allein. Frauen, die ohne Mann ihre Kinder großziehen° mußten, hat es in der Geschichte immer wieder gegeben. Meist waren Kriege und deren Folgen daran schuld. Heute liegt es vorwiegend an den hohen Scheidungsquoten° (etwa 100 000 jährlich in der [ehemaligen] Bundesrepublik Deutschland) oder an dem Trend, ein Kind allein aufziehen° zu wollen.

Wurden vor Jahren diese Haushalte als „halbe Familien" abqualifiziert,° gehören sie heute schon beinahe zur Tagesordnung, und bedauert werden wollen die Betroffenen° selbst überhaupt nicht. Derzeit° leben hierzulande schon 1,3 Millionen Kinder und Jugendliche unter 18 Jahren mit nur einem Elternteil° zusammen. Neu an dieser Entwicklung ist allerdings, daß immer mehr Männer ihre Kinder allein erziehen. Von den rund 900 000 Alleinerziehenden° in der [ehemaligen] Bundesrepublik Deutschland sind 140 000 Männer. Norbert Lange ist einer von ihnen.

Morgens um sieben war die Welt für ihn noch in Ordnung, als er aber nachmittags von seiner Ar-

raise

divorce statistics

raise

dismissed

those involved
at present

einem... one parent

single parents

Bärtige Jeans-Senioren tragen ihre schlummernden Sprößlinge im baumwollenen Babytuch huckepack.

7

1 Wohnen und Familie

beitsstelle nach Hause kam, lag nur noch ein Zettel mit wenigen erklärenden Worten auf dem Tisch: seine Frau hatte ihn verlassen und den gemeinsamen Sohn mitgenommen.

Norbert Lange verstand die Welt nicht mehr. „Wir waren am Tag vorher noch zusammen mit Harald Golf spielen. Abends haben wir dann ferngesehen . . .", denkt er laut zurück. Nach dem ersten Schock wurde er dann aktiv: „Ich bin zur Polizei, zum Jugendamt° und zu einer Rechtsanwältin° gegangen und habe das Sorgerecht° für meinen Sohn beantragt."° Er hat es bekommen; Harald war damals vier Jahre alt.

Seitdem gehört Norbert Lange zu einer wachsenden Minderheit, die spätestens seit dem international beweinten Kinomelodrama „Kramer gegen Kramer" in die öffentliche Diskussion geraten ist: die alleinerziehenden Väter. Jährlich werden sie mehr, eine Tendenz, die in allen Industrieländern zu beobachten ist. Der Hauptgrund ist— wie angedeutet—die steigende Zahl der Ehescheidungen. In Groß-

youth welfare office
lawyer
custody
applied for

städten wie Frankfurt am Main, wo auch Norbert Lange mit seinem Sohn wohnt, steht derzeit zwei Eheschließungen eine Scheidung gegenüber. Der Anteil sogenannter „Ein-Eltern-Familien" an Haushalten mit minderjährigen Kindern liegt im . . . Durchschnitt bei etwa zehn Prozent. In Großstädten ist er schon doppelt so groß.

Soziologen, Psychologen und Familienforscher° beobachten seit einigen Jahren eine neue Entwicklung: Es gibt zwar immer noch die „werdenden Väter", die sich der Verantwortung ihrer zukünftigen Rolle durch Flucht entziehen wollen; es wächst aber auch die Zahl der Männer, für die Vaterschaft° ein Stück erhöhter Lebensqualität ist.

Nicht nur Großväter schieben stolz den Kinderwagen beim Spaziergang vor sich her, Väter tun es heute genauso. Bärtige Jeans-Senioren° tragen ihre schlummernden Sprößlinge° im baumwollenen Babytuch° huckepack,° und Hochschuldozenten beantragen Dreiviertel- oder Halbtagsjobs, um sich intensiver um den Nachwuchs° kümmern zu können. In Berlin

researchers of family dynamics

fatherhood

Bärtige . . . Fathers in beards and blue jeans
small-fry
baby blanket / piggyback

progeny

Es wächst aber auch die Zahl der Männer, für die Vaterschaft ein Stück erhöhter Lebensqualität ist.

schlossen sich junge Väter zusammen, weil sie sich „so früh wie möglich mit der Tatsache, ein Kind gezeugt zu haben, und sämtlichen Konsequenzen, die sich daraus ergeben, auseinandersetzen wollen".

Väter wie sie ziehen notfalls auch vor ein Gericht, um sich ihre Kinder zu erstreiten,° wenn die Ehe kaputtgeht. Und obwohl auch heute noch die klassische Rechtsprechung° im Regelfall zugunsten der Mutter entscheidet, mehren sich die Fälle, in denen Vätern das Sorgerecht zugesprochen wird. Derzeit wachsen in der [ehemaligen] Bundesrepublik Deutschland etwa 200 000 Kinder unter 18 Jahren bei ihren sorgeberechtigten° Vätern auf. Ein Drittel dieser rund 140 000 Väter, 16 Prozent aller Alleinerziehenden, sind verwitwet; die anderen leben getrennt oder sind geschieden. „Ein Leben ohne Harald könnte ich mir nicht mehr vorstellen", sagt Norbert Lange und fügt stolz hinzu: „Harald konnte früher ‚Papa' als ‚Mama' sagen." Da hat der Vater wohl ein wenig nachgeholfen. Heute hört der 32jährige es lieber, wenn sein Sohn ihn beim Vornamen nennt: „Da fühlt man sich nicht so alt. Wenn er heute ‚Papa' sagt, will er meistens etwas, eine Katze zum Beispiel oder ein neues Fahrrad."

aus *Scala* Nr. 6/1983, S. 15f.

...

Ausdrücke und Redewendungen

an etwas (*Dat.*) **schuld sein**   to be responsible for something, be at fault
etwas liegt vorwiegend an (+*Dat.*)   something is caused primarily by
zur Tagesordnung gehören   to be quite common, an everyday occurrence
in die öffentliche Diskussion geraten   to become a current topic of discussion
sich (*Akk.*) **der Verantwortung entziehen**   to avoid responsibility
ein Kind zeugen   to father a child
vor (ein) Gericht ziehen   to initiate a lawsuit
im Regelfall   as a rule

Übungen

A **Zum Inhalt:** Suchen Sie die fehlende Information im Text:

In Deutschland gibt es jährlich _____ Scheidungen. _____ gehören heute schon beinahe zur Tagesordnung. _____ Jugendliche leben heute in einer „halben Familie". Der Vater Norbert Lange verstand plötzlich die Welt nicht mehr, weil _____. Einer Scheidung stehen _____ Eheschließungen gegenüber. In Großstädten sind _____ so viel „Ein-Eltern-Familien" wie auf dem Land. Viele Väter ziehen auch vor _____, um ihre Kinder zu behalten. 16 Prozent der alleinerziehenden Väter sind verwitwet, die anderen sind _____ oder _____.

B **Gruppenarbeit.** Teilen Sie sich in drei Gruppen auf. Jede Gruppe vertritt einen der drei Standpunkte. Bereiten Sie eine Diskussion vor und debattieren Sie.

1. Nur Mütter dürfen ihre Kinder behalten. Ein Kind gehört vorwiegend zur Mutter.
2. Väter sollen genauso ein Kind behalten dürfen. Ein Kind gehört gleichermaßen zu beiden Elternteilen.
3. Eltern sollten zusammenbleiben, bis die Kinder erwachsen sind.

C **Wie reagieren Sie?** Machen Sie eine Umfrage in Ihrer Klasse:

1. Halten Sie es für richtig, daß Väter Kinder allein erziehen?
2. Finden Sie, ein Kind kann in einer „Ein-Eltern-Familie" genauso gut aufwachsen wie in einer „typischen" Familie mit Vater und Mutter?
3. Sind Kinder mit zwei Eltern zu Hause glücklicher?
4. Muß ein Vater sich mehr anstrengen als eine Mutter, um dem Kind ein gutes Zuhause zu geben?
5. Sollen Kinder ihre Eltern beim Vornamen nennen?
6. Sollen Eltern die Scheidung möglichst vermeiden, solange Kinder im Hause sind?
7. Sollen Kinder ab 14 Jahren wählen dürfen, bei welchem Elternteil sie leben wollen?

	JA / DAFÜR	NEIN / DAGEGEN	KEINE MEINUNG
Frage Nr. 1			
Frage Nr. 2			
Frage Nr. 3			
Frage Nr. 4			
Frage Nr. 5			
Frage Nr. 6			
Frage Nr. 7			

Stellen Sie die Ergebnisse in Prozenten dar.

2

Freizeit

....

Läßt es sich so leben?

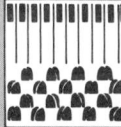

2 Freizeit

„Aus der Tanzstunde"

Was meinen Sie? Fragen zur Diskussion

1. Tanzen Sie gern? Warum / Warum nicht?
2. Waren Sie mit fünfzehn Jahren verliebt? Was denken Sie heute darüber?
3. Haben Sie nach langer Zeit je einen alten Freund / eine alte Freundin getroffen, in den / die Sie einmal verliebt waren?

Aus der Tanzstunde

Isabella Nadolny

Isabella Nadolny, geboren 1917 in München, ist Schriftstellerin und Übersetzerin. Sie lebt heute am Chiemsee. Sie hat mehrere Romane und viele Geschichten geschrieben, die oft Familien und junge Menschen behandeln. Die Geschichte „Aus der Tanzstunde" handelt von einem fünfzehnjährigen Mädchen, das sich in einen neunzehnjährigen Jungen verliebt. Sie sagt ihm nichts davon. Als sie ihn dreißig Jahre später wiedersieht, kann sie wieder nicht mit ihm über ihre Gefühle sprechen.

hit song *etwas ... something wicked*	Wir nannten ihn Jonny, in Wirklichkeit hieß er ganz anders. Der Name stammte aus einem Schlager,° den Marlene Dietrich mit gutturaler Stimme sang, und gab ihm etwas Verruchtes.° Alles Verruchte stand bei uns in der Tanzstunde¹ hoch im Kurs. Er war neunzehn, wunderschön und freundlich. Er tanzte gut. Seine Augen waren leuchtend blau. Er hatte alle Macht über mich, die man über eine Fünfzehnjährige haben kann. Ich versuchte, durch
blasiertes ... blasé acting / *conceal / mocking people* *simpleminded* *slick / superior* *here: off-color / jackhammer* *streetcar stop*	blasiertes Getue° zu verschleiern,° wie sehr er mir gefiel. Er war von Spöttern° umgeben, und es galt als kindisch, fast als beschränkt,° in jemanden verliebt zu sein. Man mußte sich weltgewandt° geben, überlegen,° jeden Witz belachen, auch ziemlich haarige.° Vor jeder Tanzstunde schlug mein Herz wie eine Pflasterramme.° (Die Straße von der Trambahnhaltestelle° zur Tonhalle² hat dies Gefühl bis heute bewahrt.) Die Tänze mit den anderen Knaben habe ich nicht wahrgenommen.
mich ... asked me to dance *mirrored wall / dance hall, studio* *bliss*	Wenn er mich aufforderte,° lohnte es sich, geboren zu sein. In der Spiegelwand° des Übungssaales° konnte ich über seine Schulter hinweg kontrollieren, ob ich bei meiner wilden Seligkeit° das vorgeschriebene, gelangweilte Gesicht machte. Nach der Tanzstunde verschwand er im eigenen Wagen, was schon fast an Aschenbrödels Kutsche erinnerte, in einen Alltag, den ich nicht kannte, in einem fremden Stadtteil. Ich wußte nicht, was ihn interessierte, was er las, mit wem er
fervently / unexpectedly *excel* *tense*	umging. Ich wünschte mir glühend,° ihm unvermutet° in Gesellschaft zu begegnen. Ich wünschte, mich in seinen Augen auszuzeichnen.° In meinem Bemühen, mich während unseres kurzen Zusammenseins interessant zu machen, die anderen aber nichts merken zu lassen, benahm ich mich verkrampft° und unsicher. Es war sehr schlimm, daß mir, solange er da war, kein einziges Kleid gut stand.

Vor Angst, zudringlich° zu wirken, wagte ich auch keine einzige persönliche Frage zu stellen. Einmal sammelte ich eine halbe Stunde lang Mut, um ihn zu fragen, was für ein Rasierwasser er benutze. (Meiner Nase ist diese faszinierende Mischung° aus Vanille, Siegellack° und Heu° seitdem nirgends mehr begegnet.) Eine solche Frage wäre wie ein Sprung vom Zehnmeterbrett° gewesen—sie unterblieb.° Auf allen Gebieten war er der Realität entzogen.

Zu Hause seinen Namen nicht beständig zu nennen war so schwer, wie ein Dutzend Kirschkerne° im Mund zu behalten. Ich schnitzte° ihn vor mir in die Schulbank. Bei Klassenarbeiten trug ich ein Kärtchen in der Tasche, auf das er Name und Telephonnummer eines belanglosen° Dritten gekritzelt hatte. Ich hatte keinen besseren Fetisch.

Dann war die Schule zu Ende, auch die Tanzstunde. Es kamen noch ein paar Abschlußfeste,° wir gingen alle unserer Wege. Jahrzehntelang wußte ich seinen Geburtstag, die Nummer seines Autos, sämtliche Schlager, nach denen wir miteinander getanzt hatten. Ich kann seinen Siegelring° beschreiben und seinen Wintermantel (der mit Murmelklaue gefüttert° war), aber ich kann mich an nichts erinnern, was wir miteinander gesprochen haben. Haben wir denn immer geschwiegen?

Die Erwachsenen fanden es möglich, ja wahrscheinlich, daß er uns einmal draußen auf dem Lande besuchen würde. „Ja, ja", sagte ich und wußte es besser. Einmal fand ich an der zu uns führenden Autostraße eine weggeworfene Zigarettenpackung, wie er sie rauchte, eine Chiffre° für die Möglichkeit eines Wunders.° Doch er kam nicht.

Wunder geschehen zu ihrer Zeit, nämlich zur falschen. Neulich hatte ich Grippe° und war allein im Haus. Mühsam und zerzaust° kroch ich aus dem Bett und zur Tür, weil es klopfte. Draußen stand Jonny, dreißig Jahre zu spät. Nur eine Sekunde lang sah ich ihn objektiv, weil ich nicht wußte, wer er war. Ich stellte fest, daß er bildschön° und freundlich war und seine Augen etwas blauer, als ich sie in Erinnerung gehabt hatte.

Dann fiel alles ins alte Gleis zurück. Ich war wieder fünfzehn, verwirrt,° ungeschickt. (Diesmal konnte ich es auf das Fieber schieben.) Schon heute weiß ich nicht mehr, worüber wir überhaupt gesprochen haben.

...

Übrigens ...

1. **Tanzstunde** is a finishing school attended by adolescent girls and boys from affluent German families. In addition to dancing (and "official" first contacts with the opposite sex), manners and etiquette are taught.
2. **Tonhalle:** an equivalent to town hall or music hall.

Ausdrücke und Redewendungen

Aschenbrödels Kutsche Cinderella's carriage
ein Gefühl bewahren to keep a feeling alive
etwas auf etwas (anderes) schieben to blame something on something (else)
etwas fällt ins alte Gleis zurück something falls back into the same old pattern
etwas ist der Realität entzogen something is removed from reality
etwas steht jemandem gut something (piece of clothing) is flattering, looks good on someone

2 Freizeit

gelten als is regarded as
hoch im Kurs stehen to be popular
mit jemandem umgehen to spend time with someone
Macht haben über jemanden to have power over someone
Mut sammeln to gather courage
seines / ihres Wege gehen to go one's own way

Übungen

A **Zum Inhalt.** Wählen Sie die beste Antwort.

1. Welcher Satz beschreibt die Geschichte?
   a. Eine Frau denkt daran, wie sie tanzen lernte.
   b. Eine Frau denkt an ihre erste Liebe zurück.
   c. Eine Frau versucht, ihre Schüchternheit (*shyness*) zu erklären.

2. Welcher Satz beschreibt die Zeitverhältnisse?
   a. Das Ganze ist längst passiert und vergessen.
   b. Alles ist vor einigen Jahren passiert.
   c. Es geht um die Vergangenheit, aber auch um die Gegenwart.

3. Wann kommt Jonny die Erzählerin besuchen?
   a. Jeden Abend nach der Tanzstunde
   b. Immer ein bißchen verspätet
   c. Dreißig Jahre zu spät

4. Wo spielt sich die Beziehung zwischen dem Mädchen und dem Jungen ab?
   a. In der Tanzstunde
   b. In den Gedanken des Mädchens
   c. An der Haltestelle

5. Warum erinnert sich die Erzählerin so genau an Jonny?
   a. Weil sie eine so gute Beziehung hatten.
   b. Weil sie sich zum ersten Mal verliebt hatte.
   c. Weil sie später geheiratet haben.

B **Zur Diskussion.** Erzählen Sie von Ihrer ersten „großen Liebe": woran erinnern Sie sich? Was ist unvergeßlich (*unforgettable*)? Haben Sie diese „erste Liebe" je wieder gesehen?

C **Schriftliche Arbeit.** Drücken Sie jede Aussage mit einfachen Worten aus: was ist gemeint?

1. „Mein Herz schlug wie eine Pflasterramme."
2. „Eine solche Frage wäre wie ein Sprung von einem Zehnmeterbrett gewesen."
3. „Seinen Namen nicht beständig zu nennen war so schwer, wie ein Dutzend Kirschkerne im Mund zu behalten."
4. „Er verschwand im eigenen Wagen, was schon fast an Aschenbrödels Kutsche erinnerte."

5. „Wenn er mich aufforderte, lohnte es sich, geboren zu sein."
6. „Ich war wieder fünfzehn, verwirrt, ungeschickt."

D **Schriftliche Arbeit.** Erzählen Sie die Geschichte kreativ weiter: was passiert, als dann der 50-jährige „Jonny" vor der Tür steht, mit grauem Haar und faltigem Gesicht? Was sagt er? Was sagt sie?

„Birne im Fernsehen"
...

Was meinen Sie? Fragen zur Diskussion

1. Sehen Sie viel / wenig fern? Warum? Sind Sie mit Fernsehen aufgewachsen?
2. Was sind Ihre liebsten Programme im Fernsehen?
3. Spielt Fernsehen eine große Rolle in Ihrem Leben?

Birne im Fernsehen
Günter Herburger

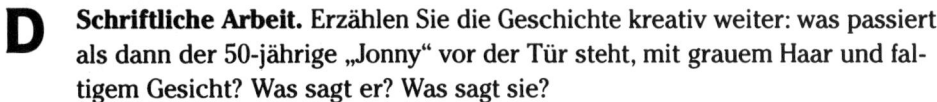

Günter Herburger, geboren 1932, ist ein wichtiger zeitgenössischer Schriftsteller. Er wohnt in München und hat zahlreiche Romane, Hörspiele, Fernseh- und Kinofilme, sowie viele Kinderbücher geschrieben. Er hat in verschiedenen Ländern gewohnt und studierte in München und Paris. Die Geschichte „Birne im Fernsehen" stammt aus der bekannten Sammlung von Kurzgeschichten, „Birne kann alles." Die Hauptfigur ist nicht etwa ein Kind oder ein Tier, wie in vielen Kindergeschichten, sondern eine Glühbirne. Natürlich lebt Birne, kann denken, sprechen, Streiche spielen und allerlei Zauberei mit den Stromleitungen anstellen. In dieser Geschichte macht sich Birne über Menschen lustig, die an alles glauben, was auf dem Fernsehschirm zu sehen ist.

TV antennas

Birne fliegt über die Dächer der Stadt, auf denen überall Fernsehantennen° stehen.
  In einem Hochhaus schlüpft sie durch ein angelehntes Fenster und hört im Nebenzimmer einen Fernsehapparat laufen. Als jemand aus der Tür tritt, macht Birne einen Sprung und ist schon im Zimmer. Die ganze Familie sitzt um den Tisch und sieht fern.° Der Vater trinkt Bier, der Sohn darf auch Bier trinken, bläst jedoch mit einem Halm° ins Glas, damit Schaum hochkommt. Oma und Opa trinken Bier, eine Tante, die zu Besuch ist, trinkt aus der Flasche. Nur die Mutter trinkt kein Bier, sie trinkt Tee. Bier macht dick, sagt sie.
  Im Fernseher läuft ein Zirkusfilm. Birne schleicht sich° hinter den Apparat, schraubt den Deckel locker und kriecht in den Apparat hinein. Drinnen herrscht ziemliche Hitze, denn die Röhren° und Widerstände° heizen. Vorsichtig tastet sich

sieht... is watching TV
straw

schleicht... sneaks

tubes / resistors

2 Freizeit

buzzing
loose contact / speaker / rattles
picture tube

filament / disconnect
electricity / in spurts

Birne zwischen den summenden° Röhren vorwärts, steigt über Leitungen, tritt auf einen Wackelkontakt,° daß es im Lautsprecher° scheppert,° und kommt endlich zum hinteren Ende der großen Bildröhre.° Jetzt heißt es aufpassen. Alle Teile an der Röhre sind sehr empfindlich. Birne gelingt es, zwei kleine Schrauben zu lockern, einen Glühfaden° abzuklemmen° und in die Röhre zu schlüpfen. Sie schraubt sich ein, und schon fühlt sie, wie Strom° stoßweise° durch sie hindurchschießt. Sie stellt jetzt auch Bilder her, die vorn auf der Fernsehscheibe zu sehen sind.

„Der Mann auf dem Trapez hat einen zu dicken Kopf", hört Birne den Vater sagen.

„Nein, er hat ein zu dickes Bein", sagt der Sohn. „Drei Beine hat er", sagt die Tante, „nein vier, nein fünf." „Unser Fernsehapparat ist kaputt", sagt die Mutter. „Er ist ganz neu", sagt der Vater. „Wir können ihn nicht schon wieder in die Reparatur geben."

builds it up

sich ... are distorted / tricks
planned / hoop / licks

Birne läßt den Strom nicht gleichmäßig durch sich fließen. Sie staut° einmal links, dann wieder rechts, ein wenig oben oder an der Seite, so daß die Figuren des Zirkusfilms sich verschieben° und Kunststücke° vorführen, die sie gar nicht vorhatten.° Der Tiger, der durch einen Reif° springen soll, schleckt° ihn nun ab und legt sich schlafen. Dem Clown, der hinfallen möchte, gelingt es einfach nicht, umzustürzen, wie er es geübt hat, er schwebt immer wieder in die Höhe. Elefanten sind so dünn geworden, daß man sie mit zwei Armen umfassen kann, dagegen bekommt ein kleiner Pudel plötzlich einen so hohen Rücken, als sei er ein Kamel. Nichts stimmt mehr, Birne bringt alles durcheinander. Der Direktor schreit und schreit, aber niemand hört ihn, Birne hat den Ton abgeschaltet.°

turned off

„Ein schlechter Apparat", sagt der Vater. „Mir schmeckt vor Ärger mein Bier nicht mehr."

TV receiver

Er steht auf und will mit der Faust auf den Fernsehempfänger° schlagen. Im letzten Augenblick hält die Mutter seinen Arm zurück.

fuses

„Sieh nach, ob die Sicherungen° in Ordnung sind", sagt sie.

„Einen neuen Apparat können wir uns nicht leisten."

„Ich will fernsehen", ruft die Tante. Zu Hause im Gebirge hat sie keinen Fern-

16

Läßt es sich so leben?

(transmission) waves / rocks   seher, die Wellen° dringen nicht durch Erde und Felsen.° Während die Eltern streiten, trinkt der Sohn das ganze Bier aus und wird betrunken. Er haut auf den Tisch und schreit, alle sollen gefälligst still sein, er bestimme jetzt, was gemacht werde.

„Kuckuck", sagt Birne durch den Lautsprecher. Gleichzeitig schaltet sie die

electrical impulse   Bilder ganz aus und beginnt, mit einem Stromstrahl° eine glühende Schrift auf die Fernsehscheibe zu malen. *Streitet nicht* zeichnet Birne mit elektrischem Strom, *Bier macht dick* und *Jammer, Jammer, Jammer*.

dazed   Die Familie sitzt starr.° Niemand kann sich erklären, woher die Schrift kommt.
stocking   „Die Mutter hat ein Loch im Strumpf"°, sagt Birne durch den Lautsprecher.

„Der Vater hat ein Loch in der Hose, die Tante in der Bluse, der Sohn im

molar   Backenzahn.° Opa und Oma haben Nasenlöcher."

Und während die Familie sich auszieht, um nach den Löchern zu sehen, und der Sohn mit einer Taschenlampe in seinen Mund leuchtet und einen Spiegel davorhält, um das Loch im Zahn zu entdecken, schraubt sich Birne aus der Bildröhre und

slides   schlüpft aus dem Fernsehgerät. Sie gleitet° an der Wand entlang und zum nächsten Fenster hinaus. Im Fernsehen läuft wieder der Zirkusfilm mit normalen dicken Elefanten und Clowns, die hinfallen können.

...

Ausdrücke und Redewendungen

Streiche spielen to play practical jokes
irgendwo herrscht (Hitze, Kälte usw.) (heat, cold, etc.) prevails somewhere
jetzt heißt es aufpassen now you'd better watch out
nichts stimmt mehr nothing is right anymore
jemand bringt alles durcheinander someone is messing everything up
vor Ärger schmeckt es nicht one is so angry it tastes bad
gefälligst if you don't mind, if you please (*sarcastic, unpleasant*)
niemand kann sich das erklären nobody can figure it out

Übungen

A   **Zum Inhalt.** Verbinden Sie die Antworten mit den entsprechenden Fragen:

ANTWORTEN

a. „Streitet nicht," „Bier macht dick," „Jammer, Jammer."
b. Es ist die Birne.
c. Die Familie sitzt vor dem Fernsehapparat und trinkt Bier und Tee.
d. Sie ist natürlich erfunden.
e. Die Birne bringt es plötzlich völlig durcheinander.
f. Sie versteckt sich im Fernsehapparat.
g. Sie sitzt starr vor dem Fernseher.
h. Sie glaubt, der Fernsehapparat ist kaputt.

FRAGEN

1. Worin versteckt sich die Birne?
2. Wer sitzt davor? Was machen sie alle?
3. Was passiert plötzlich mit dem Bild?
4. Was denkt die Familie zunächst?
5. Was schreibt Birne dann auf den Bildschirm?
6. Wie reagiert die Familie darauf?
7. Ist die Geschichte wahr oder erfunden?
8. Wer ist ihre Hauptperson?

2 Freizeit

B Nehmen Sie Stellung zu den folgenden Fragen:

1. Wie würden Sie Birnes Persönlichkeit, so wie sie in der Geschichte erscheint, in eigenen Worten beschreiben?
2. Warum spricht Birne durch das Fernsehgerät?
3. Finden Sie in der Geschichte viel zum Lachen? Wo sind die humorvollen Stellen?
4. Dieser Text ist natürlich nicht „realistisch" gemeint. Gewisse Dinge, die hier passieren, erscheinen aber sehr glaubhaft. Erzählen Sie das Glaubhafte in der Geschichte in eigenen Worten nach.
5. Wie deuten Sie Birnes Mitteilung „Jammer, Jammer, Jammer"?
6. Was kann der Leser aus einem solchen Text lernen?

C **Gruppenarbeit.** Arbeiten Sie in zwei Gruppen, und besprechen Sie die Vorteile und Nachteile des Fernsehens. Finden Sie Argumente, Begründungen und Meinungen. Berichten Sie einander Ihre Resultate.

D **Gruppenarbeit.** Diskussionsthema:

Warum halten viele Leute das, was im Fernsehen erscheint, für echt, auch wenn es sich „nicht erklären" läßt?

E **Gruppenarbeit.** Spielen Sie Rollen:

Jede(r) in Ihrer Gruppe übernimmt eine Rolle: die Birne, der Vater, die Mutter, die Großeltern, der Junge, die Tante. Führen Sie die Geschichte „Birne im Fernsehen" als Rollenspiel auf!

3

Schule und Universität

...

Lernen damals und heute

3 Schule und Universität

„Der erste Schultag"

Was meinen Sie? Fragen zur Diskussion

1. Denken Sie an Ihren ersten Schultag. Wie war das?
2. Ist die Schule heute anders als früher?
3. Hat die Schule Ihnen Spaß gemacht? Warum / Warum nicht?

Der erste Schultag
Gerhart Hauptmann

Gerhart Hauptmann (1862–1946) war der führende Dramatiker des deutschen Naturalismus. Sein Drama „Die Weber" (1892) ist eines der bekanntesten Dramen der Epoche. Später galt er auch als der größte Dichter der Kaiserzeit (1871–1918). Seine frühen sozialkritischen Dramen schildern oft Armut und Elend:° sie ergreifen Partei° für die machtlosen° Individuen der unteren gesellschaftlichen Klassen. Hauptmanns Werke fanden weltweite Anerkennung,° und im Jahr 1912 erhielt er den Nobelpreis. Viel später, als er sich zum Nationalsozialismus bekannte,° war er eine sehr umstrittene° Figur. Diese Erzählung, wie viele seiner Werke, enthält autobiographische Elemente. Sie schildert die Machtlosigkeit eines Kindes—ein Thema, das in Hauptmanns berühmter Erzählung „Bahnwärter Thiel" und anderen seiner Werke eine wichtige Rolle spielt.

misery / ergreifen... take sides / powerless recognition

professed his loyalty / controversial

cast ahead
verdichtete... took shape

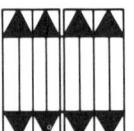 Der durch Jahre vorausgeworfene° Schatten des ersten Schultags verdichtete sich.° Eines Tages nach Weihnachten sagte meine Mutter zu mir: Wenn das Frühjahr kommt, mußt du in die Schule.[1] Ein ernster Schritt, der getan werden muß. Du mußt einmal stillsitzen lernen. Und überhaupt mußt du lernen und lernen, weil auf andere Weise° nur ein Taugenichts° aus dir werden kann.

auf... otherwise / good-for-nothing

Also du mußt! du mußt!

aghast / revelation

Ich war sehr bestürzt,° als mir diese Eröffnung° gemacht wurde. Daß ich erst etwas werden sollte, da ich doch etwas war, begriff ich nicht. War ich doch völlig eins mit mir!° Nur immer so weiter zu sein und zu leben, war der einzige, noch fast unbewußte Wunsch, in dem ich beruhte. Freiheit, Stille, Freude, Selbstherrlichkeit:° warum sollte man etwas anderes wollen? Die kleinen Gängelungen° der Eltern störten diesen Zustand nicht. Wollte man mir dieses Leben wegnehmen und dafür ein Sollen und Müssen setzen? Wollte man mich verstoßen aus einer so vollkommen schönen, mir so vollkommen angemessenen Daseinsform?°

völlig... at harmony with myself

self-satisfaction / petty demands

so... utterly appropriate form of existence

Ich begriff diese Sache im Grunde nicht.

familiar
practical

Etwas auf andere Weise zu lernen als die, welche mir halb bewußt geläufig° war, hatte ich weder Lust, noch fand ich es zweckmäßig.° War ich doch durch und durch

20

Lernen damals und heute

Um den ersten Schultag zu „versüßen", bekommen die Schulanfänger eine Tüte voller Süßigkeiten

cheerfulness

intellectual feat / not to mention
played around
concepts / extensive
world of imagination

developed / mental anguish

boundless
horror / aroused
willkürlichen ... arbitrary ostracism

experienced
welts
entblößten ... bare bottom

hesitation

Energie und Heiterkeit.° Ich beherrschte den Dialekt der Straße, so wie ich das Hochdeutsch[2] der Eltern beherrschte. Erst heute weiß ich, welch eine gigantische Geistesleistung° hierin beschlossen ist und daß sie, geschweige° von einem Kinde, nicht zu ermessen ist. Spielend und ohne bewußt gelernt zu haben, hantierte° ich mit allen Worten und Begriffen° eines umfassenden° Lexikons und der dazugehörigen Vorstellungswelt.°

   Ob ich mich nicht wirklich vielleicht ohne Schule schneller, besser und reicher entwickelt° hätte? Vielleicht aber war das Schlimmste ein Seelenschmerz,° den ich empfand. Meine Eltern mußten doch wissen, was sie mir antaten. Ich hatte an ihre unendliche, uferlose° Liebe geglaubt, und nun lieferten sie mich aus an etwas, ein Fremdes, das mir Grauen° erzeugte.° Glich das nicht einem willkürlichen Ausstossen?° Sie gaben zu, sie befürworteten es, daß man mich in ein Zimmer sperrte, mich, der nur in freier Luft und freier Bewegung zu leben fähig war — daß man mich an einen bösen alten Mann auslieferte, von dem man mir erzählt hatte, was ich später genugsam erlebte:° daß er die Kinder mit der Hand ins Gesicht, mit dem Stock auf die Handteller oder, so daß rote Schwielen° zurückblieben, auf den entblößten Hintern° schlug![3]

   Der erste Schultag kam heran. Der erste Gang zur Schule, den ich, an wessen Hand weiß ich nicht mehr, unter Furcht und Zagen° zurücklegte. Es schien mir damals ein unendlich langer Weg, und so war ich denn recht erstaunt, als ich ein halbes Jahrhundert später das alte Schulhaus suchte und nur deshalb nicht fand,

3 Schule und Universität

name of an inn: "The Prussian Crown"
mit . . . within close reach
outbreaks of desperation

dumpfe . . . dull resignation
comrades in misery
crowded together / sneaked up
squirt
increase / mit . . . correctly suspected
mite / snot-nose
school procedures
tormentor

rascal

happily
boastfully / stürzte . . . rushed / outdoors
unrestraint

joy of living

weil es aus dem Fenster der alten Preußischen Krone° sozusagen mit der Hand zu greifen° war.

Unterwegs gab es Verzweiflungsauftritte,° die nach vielem guten Zureden meiner Begleiterin, und nachdem sie mich an der Schultür unter den dort versammelten Kindern allein gelassen hatte, dumpfe Ergebung° ablöste.

Es gab eine kurze Wartezeit, in der sich die kleinen Leidensgenossen° tastend miteinander bekannt machten. Im Hausflur der Schule zusammengepfercht,° pirschte° sich ein kleiner Piks° an mich heran und konnte sich gar nicht genugtun im Versuchen, die Angst zu steigern,° die er bei mir mit Recht voraussetzte.° Diese kleine schmutzige Milbe° und Rotznase° hatte mich zum Opfer ihres sadistischen Instinktes ausgewählt. Sie schilderte mir das Schulverfahren,° das sie ebensowenig kannte wie ich, indem sie den Lehrer als einen Folterknecht° darstellte und sich an dem gläubigen Ausdruck meines angstvoll verweinten Gesichts weidete. „Er haut, wenn du sprichst," sagte der kleine Lausekerl.° „Er haut, wenn du schweigst, wenn du niesen mußt. Er haut dich, wenn du die Nase wischst. Wenn er dich ruft, so haut er schon. Paß auf, er haut, wenn du in die Stube trittst."

So ging es, ich weiß nicht wie lange, fort, mit den Worten und Wendungen des Volksdialekts, in dem man sich auf der Straße ausdrückt.

Eine Stunde danach war ich wieder zu Hause, aß mit den Eltern vergnügt° und renommistisch° das Mittagbrot und stürzte mich° mit verdoppelter Lust ins Freie,° in die noch lange nicht verlorene Welt meiner kindlichen Ungebundenheit.°

Nein, die Dorfschule mit dem alten, immer mißgelaunten Lehrer Brendel zerbrach mich nicht. Kaum wurde mir etwas von meinem Lebensraum und meiner Freiheit weggenommen und gar nichts von meiner Lebenslust.°

...

Übrigens . . .

1. The school year often began in spring, after Easter break.
2. The narrator spoke "high," standardized German, as well as the dialect. Many children arrive at school with little knowledge of high German.
3. Corporal punishment—even in very severe forms—was standard procedure in German schools up to the mid-twentieth century.

Ausdrücke und Redewendungen

im Grunde   in fact; basically
durch und durch   through and through
eine Sprache beherrschen   to know well or have command of a language
etwas ist hierin beschlossen   something is implicit herein
etwas ist nicht zu ermessen   something is immeasurable
jemanden (*Akk.*) **ausliefern an**   to turn someone over to the mercy of another
etwas befürworten   to approve of and support something
jemand kann sich gar nicht genugtun   someone just can't get enough
sich an etwas (*Dat.*) **weiden**   to revel in or gloat over something

Übungen

 Zum Inhalt. Versuchen Sie, die Geschichte mit eigenen Worten in 10–12 Sätzen zu erzählen. Satzanfänge werden Ihnen vorgeschlagen:

Die Mutter sagte eines Tages. . . .

Sonst würde aus dem Jungen. . . .

Er fühlte sich. . . .

Sprachlich konnte er schon. . . .

Der schlimmste Schmerz war. . . .

Über die Schule hatte er schon gehört, . . .

Während der Wartezeit am ersten Tag erzählte ein Kind. . . .

Aber eine Stunde später. . . .

Schließlich hat die Schule das Kind. . . .

Im letzten Abschnitt erklärt der Autor, daß die Schule. . . .

B **Zum Inhalt.** Wie reagieren Sie? Nehmen Sie Stellung zu den folgenden Aussagen. Stimmen Sie zu oder nicht? Warum?

1. Ich habe kein Mitleid mit dem dargestellten Kind—alle Kinder machen Ähnliches durch.
2. Der „kleine Piks" ist ein Sadist.
3. Der „kleine Piks" will andere erschrecken, weil er selber große Angst hat.
4. Heutzutage sind die Schulen viel menschenfreundlicher. Kein Kind braucht Angst davor zu haben.

C **Gruppenarbeit.** Machen Sie ein kurzes Partnerinterview: „Mein erster Schultag." Fragen Sie nach wichtigen Ereignissen, wichtigen Personen, Gefühlen und besonderen Erinnerungen.

D **Gruppenarbeit.** Kurzer Essay:

Die Schulerfahrung hat mir persönlich „Lebensraum, Freiheit und Lebenslust" (nicht) genommen.

E **Gruppenarbeit.** Bilden Sie drei Gruppen und spielen Sie die folgenden Rollen:

1. Eltern, die ihre Kinder aus der Schule nehmen und zu Hause unterrichten möchten;
2. Eltern, die an das traditionelle Schulsystem glauben;
3. Lehrer, die nicht die Rolle der Eltern spielen wollen.

Jede Gruppe soll Argumente, Begründungen, Meinungen bringen; beschließen Sie gemeinsam, was man vielleicht an Schulen ändern könnte.

Bildung ist die Fähigkeit, Wesentliches von Unwesentlichem zu unterscheiden und jenes ernst zu nehmen.

Paul de Lagarde

3 Schule und Universität

„Wie studiert man in Deutschland?"

Was meinen Sie? Fragen zur Diskussion

1. Was wissen Sie über das Studium an einer deutschen Universität?
2. Möchten Sie gern ein Semester in Deutschland (in Österreich / in der Schweiz) studieren? Warum / Warum nicht?
3. Was sind die Vorteile und die Nachteile des Studiums in den USA?

Wie studierte man in der ehemaligen DDR?

 Grundlegende Prinzipien des Studiums sind die Einheit von Ausbildung und Erziehung, von Lehre und Forschung und von Theorie und Praxis. Deshalb wird das Studium so früh wie möglich mit der Forschung verbunden.¹ Jährlich finden an den Hochschulen² und Universitäten der DDR „Studententage" statt, die sich zu Höhepunkten im geistig-kulturellen° Leben entwickelt haben. Auf wissenschaftlichen° Konferenzen stellen Studenten — oft gemeinsam mit Wissenschaftlern° — Ergebnisse wissenschaftlicher Forschungsarbeit vor.

Das Studium in allen Disziplinen umfaßt° ein ganzes System von Praktika.° Das ist die berufsvorbereitende° Tätigkeit der Studenten in Betrieben,° Schulen und anderen Einrichtungen.°

intellectual-cultural
scholarly
scholars

includes / practical training, field study
prevocational / businesses
institutions

Lernen damals und heute

In allen Gremien° und Leitungen der Universitäten und Hochschulen sind die Studenten vertreten und praktizieren so echte Mitbestimmung.° Die Jugendorganisation nimmt auf alle Bereiche des studentischen Alltags° Einfluß, zum Beispiel den Ausbildungsprozeß, das Leben in den Studentenheimen oder auch die geistig-kulturelle und sportliche Freizeitgestaltung in den Studentenklubs.

Materielle Sicherheit° und soziale Geborgenheit sind für alle Studenten eine Selbstverständlichkeit,° auch für Studentinnen mit Kind und für Studentenehepaare. Neben dem Grundstipendium—das ab Herbst 1981 allen Studenten, unabhängig vom Verdienst der Eltern in einer Mindesthöhe von 200 Mark gewährt° wird— gibt es monatliche Leistungsstipendien° zwischen 60 und 150 Mark. Forschungsstudenten und Aspiranten[3] bekommen während ihrer Ausbildung ein Stipendium von 600 bis 800 Mark im Monat. Die Stipendien (es sind in keinem Fall Darlehen,° die zurückgezahlt werden müssen) erlauben natürlich keinen anspruchsvollen° Lebensstil, aber sie garantieren ein selbständiges Auskommen.°

Die Grundkosten für den Lebensunterhalt sind sehr niedrig. Ein Platz in einem Wohnheim° kostet 10 Mark monatlich, ein Mensaessen[4] meist nicht mehr als 80 Pfennig. Die medizinische Betreuung° ist kostenlos. Die Benutzung öffentlicher Verkehrsmittel ist erheblich verbilligt, die von Bibliotheken und Sportstätten frei. Für den Besuch kultureller Veranstaltungen° und öffentlicher Einrichtungen° sowie die Feriengestaltung° bestehen weitere Vergünstigungen.

Jeder Student hat Anspruch auf einen Wohnheimplatz. Studentinnen mit Kindern und werdende Mütter erhalten zusätzlich finanzielle Unterstützung und werden besonders gefördert.° In der Regel absolvieren° sie ihre Ausbildung nach individuellen Sonderstudienplänen, die einen planmäßigen Abschluß gewährleisten.

Ein Jahr vor Abschluß des Studiums wissen alle Studenten, wo sie als Absolventen arbeiten werden. Bindende Vorverträge° sind dafür Grundlage. Studierende, die sich entsprechend ihrer Neigung° und Befähigung° für die wissenschaftliche Laufbahn° entscheiden, können nach dem Examen innerhalb eines Forschungsstudiums promovieren.°

aus *Fragen und Antworten. Leben in der DDR,* Berlin: Panorama DDR, 1981, S. 27–29.

...

Übrigens ...

1. In view of German unification and the recent changes in both Germanies, some information contained in this text must be seen in a historical perspective. However, many facts regarding university studies in the German-speaking countries remain unchanged.
2. These are university-level institutions that usually specialize in a particular area, such as music or engineering.
3. A term used specifically in the former GDR for a young scholar being trained for teaching.
4. German students eat in the **Mensa** (Latin for *table*), a university-run dining hall.

Ausdrücke und Redewendungen

so früh wie möglich   as early as possible
auf etwas (*Akk.*) **Einfluß nehmen**   to influence something
es bestehen Vergünstigungen   there are discounts, benefits

3 Schule und Universität

auf etwas Anspruch haben to have the right to something
in der Regel as a rule

Übungen

A Zum Inhalt. Ergänzen Sie die Sätze.

1. Grundlegende Prinzipien des Studiums in der DDR waren _____.
2. So früh wie möglich wurde _____ mit dem Studium verbunden.
3. Jährlich fanden an Hochschulen und Universitäten der DDR _____ statt.
4. Praktika waren _____.
5. In allen Gremien der Universitäten praktizierten die Studenten _____.
6. Es war für alle Studenten in der DDR eine Selbstverständlichkeit, daß _____.
7. Neben den Grundstipendien gab es _____.
8. Aber in der DDR gab es nie _____, die man zurückzahlen mußte.
9. Grundkosten für den Lebensunterhalt waren _____.
10. Medizinische Versorgung war _____.
11. Jeder Student hatte Anspruch auf _____.
12. Vor dem Abschluß des Studiums wußten Studenten ganz genau _____.

B Gruppenarbeit. Arbeiten Sie mit einem Partner zusammen. Stellen Sie Fragen, berichten Sie über die Antworten.

1. Was halten Sie von der Verbindung von Lehre und Forschung? Kann man das eine ohne das andere tun?
2. Gibt es hier an unserer Universität ein System von Praktika? Welche Beispiele kennen Sie?
3. Glauben Sie, daß z.B. auch in den USA materielle Sicherheit für Studenten eine Selbstverständlichkeit sein sollte, oder nicht?
4. Wie sieht es hier mit den Grundkosten für den Lebensunterhalt aus?
5. Gefiele es Ihnen, beim Abschluß des Studiums die Arbeitsstelle schon vorbestimmt zu haben?

C Gruppenarbeit. Vergleichen Sie das Bildungssystem, das in der DDR bestand, mit dem amerikanischen. Stellen Sie eine Liste der Vor- und Nachteile auf.

4

Deutschland

...

Gestern und heute

4 Deutschland

„Letzte Ansprache, Berlin 1947"

Was meinen Sie? Fragen zur Diskussion

1. Wann und warum wurde Deutschland geteilt?
2. Was halten Sie von der Vereinigung der beiden deutschen Staaten? Haben Sie etwas davon gelesen, was die Ost-und Westdeutschen über die Vereinigung dachten?
3. Welche Vorteile sehen Sie in der Vereinigung? Für die Westdeutschen? Und für die Ostdeutschen?

Letzte Ansprache

Ricarda Huch

Ricarda Huch, geboren 1864 in Braunschweig, gestorben 1947 in Schönberg bei Frankfurt am Main. Sie war eine der großen deutschen Schriftstellerinnen des frühen 20. Jahrhunderts, daneben auch Historikerin. Sie schrieb historische Arbeiten zum Dreißigjährigen Krieg und zur deutschen Romantik. Ihre Romane und Erzählungen handeln von historischen Persönlichkeiten (Luther, Wallenstein, Garibaldi, Bakunin) und vom bürgerlichen Familienleben. Als die Nationalsozialisten 1933 die Macht übernahmen, protestierte sie öffentlich. In ihrer „Letzten Ansprache" beim Schriftsteller-Kongreß 1947 in Berlin spricht sie über das problematische Nationalgefühl der Deutschen, die oft entweder zuviel oder zuwenig davon hatten. Huch glaubt, daß man sein eigenes Land lieben muß, um andere Länder lieben zu können.

need *eingefunden . . . came as agreed*	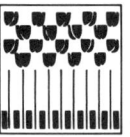 Es ist mir ein Bedürfnis,° meine Freude darüber auszusprechen, daß Schriftsteller sich aus allen Zonen¹ zahlreich eingefunden haben.° Das gibt das Gefühl, in Deutschland zu sein, nicht nur in einem Teil, sondern im ganzen, einigen Deutschland. Die Dichter und Schriftsteller haben eine besondere Beziehung zur Einheit, nämlich durch die Sprache. Die
separates *administrators*	Sprache scheidet° ein Volk von anderen Völkern, aber sie hält auch ein Volk zusammen. Die Schriftsteller sind die Verwalter° der Sprache, sie bewahren und erneuern die Sprache. Sie bewegen durch ihre Sprache die Herzen und lenken die Gedanken.
sheath	Durch die Sprache sind sie auch Verwalter des Geistes; denn „die Sprache ist ja die Scheide,° in der das Messer des Geistes steckt". In der Zeit, als Italien von vielen fremden Fürsten regiert war, errichteten die Italiener in allen Städten ihrem größten Dichter Dante Denkmäler: es war das Symbol ihrer Einheit, die politisch nicht bestand.² Wir Deutschen hätten es nicht so leicht: die beiden größten Meister unserer
equally	Sprache, Luther und Goethe, werden nicht von allen Deutschen gleicherweise° gekannt und geliebt. Aber wir wollen jetzt absehen von den großen Dichtern der

28

Gestern und heute

Vergangenheit — jede Zeit hat ihre besonderen Probleme, Gefahren° und Nöte,° und die lebenden Schriftsteller müssen diese Probleme erfassen und diesen Gefahren begegnen.

Kaum je° in unserer Geschichte ist die Aufgabe° der geistigen Führung° so schwer gewesen wie jetzt. Es hat wohl auch früher scharfe Konflikte gegeben — im Zeitalter der Glaubensspaltung,° zur Zeit des Dreißigjährigen Krieges und in der letzten vergangenen Zeit; aber am schwersten ist es doch in einer Zeit, in der fast alles fragwürdig° geworden ist, und wo alle Bemühungen auf Hoffnungslosigkeit,° Verbitterung,° die Gleichgültigkeit° der Entkräftung° stoßen. In welchem Sinn nun die Aufgabe durchgeführt wird, das muß der Überzeugung° und dem Gewissen° eines jeden überlassen bleiben; man kann nur wünschen. Wenn ich Wünsche äußern darf, so bezieht sich einer auf das Nationalgefühl, von dem in letzter Zeit oft gesprochen und geschrieben wurde.

Man hat den Deutschen ein zu starkes Nationalgefühl vorgeworfen; ich möchte eher sagen, wir hätten ein zu schwaches oder besser, ein teils zu schwaches, teils zu starkes. Das hängt, wie ich glaube, mit dem historischen Erbe zusammen, das uns zuteil geworden ist. In den Anfängen unserer Geschichte übernahmen die Deutschen vereint mit° den Italienern den römischen Weltreichsgedanken° und waren demzufolge° universal und partikularistisch eingestellt; Universalismus und Partikularismus pflegen zusammenzugehen. Das Einheitsgefühl war schwach, die deutschen Kaiser mußten sich jeweils ihr Reich erst erobern, und keiner hat es ganz in seine Hand bekommen. Allmählich bildeten sich die anderen Nationen, zum Teil an Deutschland angrenzend,° zu Einheitsstaaten mit starkem Nationalgefühl. In den Beziehungen zu diesen bekam der deutsche Universalismus einen anderen Charakter — er wurde zur Schwäche, beinahe zur Charakterlosigkeit. Man weiß, daß lange Zeit nur die unteren Volksklassen deutsch sprachen, die höheren Schichten sprachen französisch. Ein preußischer König sagte von sich selbst, er spreche deutsch wie ein Kutscher.[3] Noch Napoleon verhöhnte° die Deutschen, sie seien leicht in die Netze gegangen, die er ihnen gestellt habe, befehdeten° sich untereinander und merkten

29

den äußeren Feind nicht. Als dann endlich, von Preußen unterbaut, ein deutscher Einheitsstaat mit entsprechendem° Nationalgefühl enstand,[4] waren die Deutschen voll Glück und Stolz, daß sie nun auch das besaßen, was die anderen schon lange hatten, und äußerten ihren Stolz wohl etwas prahlerisch.° Das Ausland, das sich durch diese Veränderung einer neuen Kombination gegenübergestellt sah, empfand das Neue als störend und beinahe unberechtigt, und es gab auch Deutsche, die dem so stark betonten Nationalgefühl gegenüber zurückhaltend waren, zum Teil, weil sie es nicht empfanden, zum Teil, weil sie den lauten Patriotismus geschmacklos fanden. Es blieb etwas Unorganisches; auf der einen Seite die Neigung, fremde Nationen schwärmerisch° zu bewundern und die eigene herabzusetzen° und zu bemäkeln,° auf der anderen im Gegensatz dazu ein heftig hervorbrechendes, herausforderndes° Nationalgefühl. Hier wäre eine Besserung wünschenswert. Allerdings ist es außerordentlich schwer, etwas zu lehren oder beizubringen, was naiv sein soll, was eigentlich seine Berechtigung daraus zieht, daß es natürlich und selbstverständlich ist. In der Bibel ist uns gesagt: liebe deinen Nächsten wie dich selbst. Es gilt auch von den Nationen; daß jede sich selbst liebt, ist selbstverständliche Voraussetzung. Über die Selbstliebe sollte sich dann die Liebe zu den anderen entfalten.° Die Schriftsteller müßten wohl, um ihrer Aufgabe zu genügen,° ihre Lehren weniger vorschreiben° als vorleben,° indem sie Weltbürger werden, aber zugleich und in erster Linie° Deutsche.

Was mich betrifft:° ich habe Geschichte studiert und kenne nicht nur die Geschichte unseres eigenen Volkes, sondern auch die der anderen Nationen gut; ich habe jahrelang in der Schweiz gelebt und fühle mich dort zu Hause, ich war mit einem Italiener verheiratet, und ich habe sehr gerne in Italien gelebt; all diese Umstände° haben bewirkt, daß ich ganz frei von einseitigem° Nationalismus bin, aber national fühle ich durchaus. Ich bin in den schrecklichen letzten Jahren oft an meinem Volk verzweifelt; aber gleichzeitig habe ich so viel Seelengröße,° Opferbereitschaft,° Heroismus und hohe Tugend gesehen und nach dem Zusammenbruch[5] so viel Geduld und Haltung° im Ertragen unermeßlichen Elends,° daß für mein Gefühl viel Schlechtes dadurch ausgeglichen° ist. Mich hat immer der Ausspruch eines sehr großen, sehr volksnahen deutschen Schriftstellers bewegt, der vielleicht mehr als irgendein anderer Deutscher über die Grenzen seines Landes hinaus gewirkt hat, nämlich Luthers: „Für meine Deutschen bin ich geboren und ihnen diene ich auch." Deutschland zu dienen, Deutschland zu retten, haben in den letzten Jahren viele ihr Leben geopfert. Ihrer soll jetzt in Treue und Verehrung° gedacht werden.

...

Übrigens . . .

1. The four occupational zones—American, British, French, and Russian.
2. Italy achieved national unity in 1859/60.
3. Friedrich II, "the Great" (1712–1786), King of Prussia, admittedly spoke German "like a coachman." His preferred language was French, the language of the educated classes of his time.
4. German national unification was achieved in 1871. It was engineered by Chancellor Otto von Bismarck after the Franco-Prussian War. At that time the "Second Empire" was born. It lasted until 1918.
5. **Zusammenbruch** was a term frequently used for the collapse of Nazi Germany in May, 1945.

Ausdrücke und Redewendungen

von etwas absehen   to disregard something
einer Gefahr begegnen   to face a dangerous situation
etwas bleibt jemandem überlassen   something is left up to somebody
einen Wunsch äußern   to state a wish
Nationalgefühl   feeling of national character or pride
etwas hängt mit etwas zusammen   something is related to something
etwas pflegt etwas zu tun   something usually does, is inclined to
ins Netz gehen, bzw. Netz stellen   to walk into a trap; to set a trap
Berechtigung aus etwas ziehen   to derive justification from

Übungen

A **Zum Inhalt.** Beantworten Sie die folgenden Fragen:

1. Wer ist „der Verwalter der Sprache und des Geistes" in einem Land? Warum?
2. Warum ist die Zeit, zu der Huch schreibt, so schwer für die „geistige Führung"? Um welche Zeit geht es? Welche historischen Ereignisse spielten eine Rolle?
3. Wer sind die beiden größten Meister der deutschen Sprache?
4. Was ist „Nationalstolz"? Erklären Sie mit einfachen Worten.

B **Gruppenarbeit.** Arbeiten Sie in vier Gruppen: wählen Sie einen Sprecher / eine Sprecherin für jede Gruppe. Besprechen Sie:

1. Wieso hatte Deutschland einerseits zu viel, andererseits zu wenig Nationalstolz?
2. Wozu hat dieser Nationalstolz in Deutschland geführt?
3. Welche Rolle spielt der amerikanische Nationalstolz in Ihrem Leben?
4. Was sind die guten Aspekte, was die schlechten Aspekte eines Nationalstolzes? Geben Sie Beispiele.

Jede Gruppe soll ihre Ergebnisse der ganzen Klasse mitteilen. Welche Argumente werden am meisten gebraucht?

C **Schriftliche Arbeit.** Schreiben Sie eine halbe Seite mit folgendem Titel: „Gefährlich oder nicht? Der deutsche Nationalstolz aus meiner Perspektive."

4 Deutschland

„Ein glorreicher Sommer"

Was meinen Sie? Fragen zur Diskussion

1. Welche politischen Ereignisse fanden statt, als Sie sieben Jahre alt waren?
2. Was wissen Sie über die Geschichte Deutschlands zwischen 1918 und 1933?
3. Wie alt waren Sie, als Sie erkannten, daß Politik auch für Ihr Leben wichtig ist?

Ein glorreicher Sommer

Stephan Hermlin

Stephan Hermlin, 1915 in Chemnitz geboren, gehört zu den wichtigsten Schriftstellern der ehemaligen DDR. Er schreibt Gedichte und Erzählungen, aber auch Essays und Reportagen. Durch die Literatur versucht er oft, die Reaktionen eines Individuums auf den Faschismus und auf das Dritte Reich begreifbar zu machen. „Ein glorreicher Sommer" erzählt von einem Kind, das wichtige politische Ereignisse zwar erlebt, aber natürlich nicht durchschaut. Die Geschichte spielt im Jahr 1922, als der Außenminister der Weimarer Republik, Walther Rathenau, ermordet wird. Sie ist ein Auszug aus Hermlins Roman Abendlicht *(1979).*

limp	In meinem siebenten Lebensjahr verreiste ich mit meiner Mutter, es war das einzige Mal, daß ich mit ihr allein verreiste, ich hatte eines Tages einen unbestimmten Schmerz verspürt und begann zu hinken,° der Hausarzt sprach von der Möglichkeit einer Hüfttuberkulose, es sei nur ein Verdacht, aber er riet zum Sanatorium des Professors Weidner in Loschwitz bei
glorious / wölbte ... stretched	Dresden. Ein glorreicher° Sommer wölbte sich° über dem Haus, in dem wir ein Appartement mit einer großen Veranda bewohnten. Mehrere Ärzte unter der Leitung
X-rayed	des Professors untersuchten mich eingehend, ich wurde geröntgt,° nein, es gäbe keinen Grund zur Aufregung, man werde sehen, und es würde schon werden. Meine Mutter ging viel aus, sie traf sich in Dresden mit Bekannten, die aus Berlin kamen oder aus dem Ausland, aber zum Mittagessen war sie wieder bei mir. Junge elegante Männer erschienen zu kurzen Besuchen, sie sprachen höflich mit meiner Mutter und
beguilingly	werbend° mit mir und verabschiedeten sich bald, jeden Morgen brachte das Mädchen ein Tablett mit ein paar Visitenkarten, meine Mutter las sie und lachte über-
in high spirits	mütig,° und unsere Zimmer füllten sich mit Blumen, man brachte sie in ganzen
withered	Körben, man merkte kaum, wie sie welkten,° denn neue traten an ihre Stelle. Einmal kam mein Vater, er küßte mich und fragte nach meinem Befinden, er scherzte mit meiner Mutter über die Blumen und über die jungen Männer, aber es hielt ihn nicht lange, er konnte hier nicht recht Klavier spielen, und in Berlin erwartete ihn, wie er
interview	sagte, ein Herr Bleichröder zu einer Unterredung.° Er hatte unseren Kutscher Heinrich

mitgebracht samt der schwarzen Equipage° und den Kutschpferden, damit meine Mutter ausfahren konnte.

Zum Abendbrot erschien regelmäßig Professor Weidner auf unserer Veranda, ein großer rotgesichtiger Mann mit weißem Haar und in weißem Kittel;° er blieb eine Weile bei uns und hatte eine delikate Art, mir ein winziges Stückchen Butter auf jedes Radieschen zu legen und mich eigenhändig zu füttern. Am schönsten war das Frühstück, das zumeist ebenfalls auf der Veranda eingenommen wurde, manchmal aber auch vor unseren Fenstern im Park, wo sich viele Bekannte an einem großen Tisch unter Sonnenschirmen einfanden, vorsichtig trat ich auf den knirschenden° Kies,° die jungen Männer trugen Halstücher aus changierender° Seide und Tennishosen, hell klang das Lachen meiner Mutter, sie hatte das rotblonde Haar, den durchsichtigen Teint° ihrer Heimat, ich saß zwischen ihr und der Schauspielerin Pola Negri,[1] deren pelzgefütterte° Morgenschuhe ich bewunderte.

Am liebsten aber lag ich in meinem Zimmer und las. Ich hatte viele Bücher mit, Andersen[2] und *Peterchens Mondfahrt*[3] und die *Träumereien an französischen Kaminen*.[4] Aber ich war auch bereits ein Zeitungsleser, täglich brachte man mir die BZ° am Mittag, die den umfangreichsten Sportteil aller deutschen Zeitungen aufwies, denn ich interessierte mich für Sport und wurde darin von meinem Vater bestärkt, der mich schon zu Boxkämpfen und zum Sechstagerennen° mitgenommen hatte.

Manchmal fiel ein unaufmerksamer Blick auf die politischen Seiten der Zeitung, die ich rasch umblätterte. An einem dieser Sommertage aber wurde ich von einer schreienden Zeile auf der ersten Seite gefesselt: der Außenminister Walther Rathenau[5] war ermordet worden. Die Bedeutung des Ereignisses erfaßte ich natürlich nicht; ich wußte nicht einmal, was eigentlich ein Außenminister ist. Aber ich hörte eine Weile in meiner Umgebung von nichts anderem reden. Und während bis dahin eine Gewalttat von mir auf eine beinahe milde, entschärfte Weise wahrgenommen worden war, weil sie stets der Welt meiner Bücher angehört hatte, einer Welt, die letzten Endes alles wieder in rechte Bahnen zu lenken wußte, so daß schließlich das Schreckliche seine Schrecken verlor, fühlte ich, daß hier etwas in der Wirklichkeit geschehen war, etwas Nichtwiedergutzumachendes, und unmittelbar vor den Toren, die mich so sicher vor den Gefahren des Lebens behütet hatten. Eine Bemerkung, die ich in diesen Tagen hörte, daß mein Vater nämlich diesen Rathenau, wenn auch nur flüchtig, gekannt hatte, trug zu meiner wachsenden Angst bei: der Tote stand in einer Beziehung zu mir, zum erstenmal war der Schatten einer Wirklichkeit auf mich gefallen, von der ich bis dahin nichts geahnt hatte.

In den folgenden Tagen las ich mehr über das Attentat° und seine Auswirkungen:° die Arbeiter hatten den Generalstreik° erklärt; die Polizei verfolgte die Mörder, die Offiziere waren; sie stellte sie° auf einer Burg in Mitteldeutschland, wo die Attentäter Widerstand leisteten und sich schließlich selbst töteten. Kurz vor diesem Ende hatte sich meine Angst so weit gesteigert, daß ich eines Tages, als meine Mutter wieder einmal abwesend war, einen Schreikrampf° bekam: ich sah das Land, die Städte vor mir, von maskierten Mördern erfüllt, und ich war sicher, daß meine Mutter ihnen gerade in die Hände gefallen war. Herbeieilende Ärzte und Schwestern vermochten kaum, mich zu beruhigen, das gelang erst meiner Mutter, die bald danach eintraf.

Der Außenminister war begraben, die Mörder und ihre Komplizen° waren tot oder verhaftet, der Sommer wölbte sich von neuem grün und golden über den Gesprächen unserer Freunde, über dem Lachen meiner Mutter. Was tat es, daß ich sie nicht allein für mich hatte, daß immer andere noch um uns waren, ich empfand eine süße, einschläfernde° Langeweile, während ich in meinem weißen Matrosenanzug

4 Deutschland

teeter

faded away

a well-known café

buzzing
band
Italian: gliding, slurring (between notes) / first violinist

meinen Stuhl auf dem Kies wippen° ließ, es konnte nichts geschehen, es konnte mir nichts geschehen, niemand wollte mir Böses, wie gut waren doch die Erwachsenen, und wie klug, wie genau kannten sie sich aus in der für mich undurchschaubaren Welt, immer stand Brot und Milch da für mich, wartete meine Geige oder ein Buch oder das Bett, wenn ich müde war. Jemand brachte mir etwas, das ich brauchte, jemand half mir beim Ankleiden, jemand fragte mich eine Lektion ab, mehr war da nicht, es war das Leben, es machte müde und glücklich. Ich ließ den Kopf in den Nacken sinken, hoch über mir zerrannen° die Wolken, die nie mehr ganz so sein würden wie in diesem Augenblick. Wir würden nach Berlin zurückfahren, auch dort würde es solche Stunden geben, wenn meine Mutter mich ins Esplanade° mitnahm, was freilich selten geschah, um mich ihren Bekannten zu zeigen, auch dort würde dieses Schwirren° um mich sein, Bienen und Wespen über den Kuchentellern, dieses Schwirren freundlicher Stimmen, ich würde auch ohne Widerwillen auf die Kapelle° hören und die schrecklichen Portamenti° des Primgeigers,° nur noch dazu der ferne Lärm vom Potsdamer Platz, das Gewölk am Himmel, das Gewölk an der Unterseite der Lider. Jetzt war ich fast gesund, ich war es ganz, eines Morgens war der Schmerz fort, plötzlich, wie er gekommen war, ich ging und sprang wie zuvor, der Schmerz kam nie wieder, es war nichts mit der Tuberkulose, Professor Weidner hatte recht behalten.

Ich war gesund und reiste ab mit meiner Mutter und Heinrich und den Pferden, wieder zurück in den Norden dieser Republik, die schon starb, ehe sie wirklich zu leben begonnen hatte.[6]

...

Staatsbegräbnis für den ermordeten Außenminister Rathenau

Übrigens . . .

1. Pola Negri was a well-known actress in the silent-film era.
2. Hans Christian Andersen (1805–1875) is the author of many famous fairy tales—for example, "The Ugly Duckling" and "The Little Mermaid."
3. *Peterchens Mondfahrt* is a famous children's fantasy novel by Gerd Basewitz.
4. *Träumereien an französischen Kaminen* (1871) is a famous collection of fairy tales written by the surgeon Richard von Volkmann, pen name Richard Leander.
5. Walther Rathenau, born 1867, was the Foreign Minister of the Weimar Republic. He was murdered in 1922 by right-wing extremists, who attempted a putsch in hopes of restoring the monarchy in Germany.
6. The Weimar Republic, which immediately succeeded the Empire of Wilhelm II, was already doomed at its inception in 1918 (the end of the First World War). The many right and left factions were unable to reconcile their ideas and keep the Republic alive. It lasted only until January, 1933, when the National Socialists—with Hitler as their leader—came to power.

Ausdrücke und Redewendungen

jemanden (*Akk.*) **eingehend untersuchen**   to examine someone thoroughly
es gibt keinen Grund zur Aufregung   there's no cause for concern
es wird schon werden   things are going to turn out all right, be all right
jemand erscheint regelmäßig   someone turns up regularly
von etwas gefesselt werden   to be bound or fascinated by something
ich wußte nicht einmal   I didn't even know
alles in rechte Bahnen lenken   to get everything onto the right track
einen Streik erklären   to call a strike
jemandem (*Dat.*) **in die Hände fallen**   to fall into someone's hands; to be at someone's mercy
niemand wollte mir Böses   no one wished me any harm
jemand hatte recht behalten   someone had proved to be right

Übungen

A **Zum Inhalt.** Haben Sie aufmerksam gelesen? Beantworten Sie die folgenden Fragen so gut Sie können, ohne in den Text zu schauen.

1. Wieviele Personen können Sie nennen, die in der Geschichte vorkommen?
2. Welche Ortsnamen kommen darin vor?
3. Wie alt ist der Erzähler?
4. In welchem Jahr spielt diese Geschichte?
5. Was ist das wichtigste Ereignis in diesem „glorreichen Sommer"?
6. Nennen Sie mindestens ein Buch, das der Erzähler gern liest.
7. Aus welcher Lektüre erfährt er das wichtige Ereignis?
8. Welchen Beruf hat vermutlich der Vater?

4 Deutschland

B **Zum Inhalt.** Die Erwachsenen in „Ein glorreicher Sommer" haben verschiedene Berufe. Hier erscheinen sie mit durcheinandergebrachten Buchstaben. Um welche Berufe handelt es sich?

ROSOSPERF   SARIEPULIENSCH
THRUSECK   TAUMERSENISSIN
RATZ   REIBARET

Tips: Es handelt sich um einen Menschen, der . . .
    . . . auf der Bühne auftritt
    . . . harte Arbeit leistet
    . . . viel weiß
    . . . kranke Menschen pflegt
    . . . Pferde führt
    . . . mit fremden Ländern verhandelt

C **Zum Inhalt.** Ordnung muß sein! In welche Reihenfolge sollte man die Sätze bringen, um die Geschichte richtig zu erzählen?

1. Eines Tages las ich in der Zeitung, daß der Außenminister ermordet worden war.
2. Ich begann zu hinken, und man vermutete eine Hüfttuberkulose.
3. Da war die Welt wieder in Ordnung, und niemand wollte mir was Böses.
4. Viele schöne junge Männer kamen, um meine Mutter zu besuchen.
5. Wir mußten dann verreisen und wohnten in einer schönen Wohnung bei Dresden.
6. Ich hatte große Angst, man würde auch mir und meinen Eltern etwas antun.

D **Zum Inhalt.** Welche Satzhälften gehören hier zusammen?

Wir mußten nach Dresden, weil	er hatte in Berlin zu tun.
Meine Mutter freute sich, weil	der Sport interessierte mich mehr.
Mein Vater blieb nicht lange, denn	die Polizei sie gestellt hatte.
Ich blätterte bei den politischen Seiten immer schnell um, denn	meine Mutter den Mördern in die Hände gefallen war.
Die Bedeutung des Ereignisses erfaßte ich nicht, weil	ich Schmerzen hatte und hinkte.
Die Attentäter töteten sich selbst, weil	viele junge Männer sie besuchten.
Ich bekam einen Schreikrampf, denn ich war sicher, daß	ich nicht einmal wußte, was ein Außenminister ist.

E **Zum Inhalt.** Wie reagieren Sie? Was will diese Geschichte eigentlich zeigen? Wählen Sie eine der folgenden Aussagen, die Sie für richtig halten, und begründen Sie Ihre Wahl.

1. Die Eltern dieses Kindes leben angenehm, trotz der ernsten Zeiten.
2. Ein Kind kann von weltbewegenden Ereignissen beeinflußt werden, ohne es zu merken.
3. Für Kinder ist die Welt immer schnell wieder in Ordnung.

4. Die Welt der Politik ist immer bedrohlich, wenn man sie nicht durchschaut.
5. Die schöne, private Welt (Cafés, Besuche, Blumen) ist wichtiger als die große Welt der Politik.
6. Bei jedem Kind erwacht irgendwann das Bewußtsein, daß die Welt doch nicht ganz harmlos ist.

F **Schriftliche Arbeit.** Was ist das erste politische Ereignis, woran Sie sich erinnern können? Schreiben Sie es in Form einer autobiographischen Geschichte auf, und erwähnen Sie die folgenden Elemente:

1. Ihr Alter und Ihre Situation zu der Zeit
2. Wie Sie über das Ereignis gehört hatten und was Ihre Eindrücke davon waren
3. Was halten Sie jetzt davon, da Sie älter sind und besser Bescheid wissen?

G **Gruppenarbeit.** Versuchen Sie, gemeinsam als Klasse das früheste politische Ereignis zu finden, an das sich alle erinnern können. Stellen Sie eine Liste der Ereignisse auf, bis sich ein gemeinsames herausstellt.

Der Wahlkampf vom Jahr 19____; die Ermordung von ____; der Tod von ____; der Wahlsieg von ____ usw.

5

Stimmen aus Österreich und der Schweiz

...

Reportage, Legende, Tagebuch

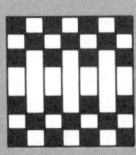

5 Stimmen aus Österreich und der Schweiz

„Weihnachtstännchen im Topf"

Was meinen Sie? Fragen zur Diskussion

1. Feiern Sie Weihnachten (oder ein anderes Fest in dieser Jahreszeit)? Wie? Warum würden Sie es vielleicht lieber anders feiern?
2. Wenn Sie Weihnachten zu Hause feiern, haben Sie lieber einen echten oder nicht-echten Weihnachtsbaum? Warum?
3. Ist es nicht schade, einen Weihnachtsbaum nach zwei Wochen wegzuwerfen?

Weihnachtstännchen im Topf

Am Freitag hat in Zürich der Christbaummarkt° begonnen. Auf öffentlichem Grund bieten diesmal in der Stadt 68 Bauern, Gärtner oder Händler° ihre grünen Bestände° an. Bis zum 24. Dezember dürften sie, wenn alles normal verläuft, gegen 80 000 Tännchen° absetzen.° Eine gewisse Unsicherheit ist da und dort festzustellen. Man weiß nicht so recht, wie die in weiten Teilen Europas kranken Nadelwälder[1] das Kaufverhalten° beeinflussen werden. Von einem Grossisten° ist zu erfahren, viele Tännchenverkäufer hätten die Bestellungshöhe° leicht reduziert, man könne von zehn Pro-

° Christmas tree market

° dealers
° here: stock

° little conifers / sell

° consumer behavior
° wholesaler

° orders

Reportage, Legende, Tagebuch

zent im Durchschnitt sprechen. Man dürfe, wird da und dort im Gespräch erklärt, das Waldsterben° und die Christbäume nicht miteinander in Verbindung bringen— was Fachleute durchaus bestätigen. In unsern Wäldern müssen Jungtannen ohnehin° zum Auslichten° der Bestände° gefällt° werden; sie leisten als Weihnachtstännchen gute Dienste. Auch stammen viele der Jungbäume aus speziellen Christbaumkulturen.°

Manche stammen auch aus Anpflanzungen in Stromleitungsschneisen.° Hier verlangt das eidgenössische Forstgesetz,° daß der Boden mit Bäumen bedeckt ist. Die Bäume dürfen aber nicht zu hoch werden. Damit kommen praktisch nur Christbaumanpflanzungen in Frage.

Ein gewisser Trend zu Weihnachtstännchen in Töpfen° zeichnet sich dagegen eindeutig ab.° Es scheinen viele Städter damit ihren ganz persönlichen Beitrag zur Waldschonung° leisten zu wollen. Falsche Vorstellungen darf man sich indessen nicht machen: Ein Topftännchen darf allerhöchstens° für einige Stunden in die warme Stube° genommen werden, will man es später auspflanzen. Tut es dagegen eine Woche oder noch länger seinen Dienst als Christbaum, hat es kaum Überlebenschancen.°

dying forests

anyway / thinning
here: timber stand / cut down

Christmas tree farms

forest lanes under power lines
eidgenössische . . . federal forest law

pots
zeichnet . . . can be observed

forest conservation

at the very most
room

chances for survival

aus *Neue Zürcher Zeitung* 17/18 Dezember 1983, S. 47.

...

Übrigens . . .

1. sick coniferous forests: In all parts of Europe, just as in most other areas of the world, environmental pollution has become so serious that ecological damage is apparently becoming irreversible. Experts see no way to halt the slow but certain death of middle European forests, which is largely due to acid rain and air and soil pollutants.

Ausdrücke und Redewendungen

da und dort   here and there
man weiß nicht so recht   one doesn't quite know
etwas in Verbindung bringen mit   to connect something with
gute Dienste leisten   to render good service
in Frage kommen   to be suitable
sich Vorstellungen machen   to get an idea
Dienst tun   to serve
sich weigern   to refuse
sau(e)rer Regen   acid rain

Übungen

A **Zum Inhalt.** Ergänzen Sie die Sätze.

1. Der beschriebene Christbaummarkt findet statt in ____, einer Stadt in ____.

2. Achtundsechzig ____, ____, und ____ bieten die Bäume zum Verkauf an.

3. Wenn alles gut geht, verkaufen sie etwa ____.

4. Die Verkäufer sind aber etwas unsicher, weil ____.

5 Stimmen aus Österreich und der Schweiz

5. Viele Verkäufer haben weniger Bäume bestellt als früher. Sie reduzierten die Bestellung um _____.
6. Fachleute bestätigen aber in diesem Fall, daß man _____.
7. Drei Argumente *für* das Fällen von jungen Bäumen sind:
   a. _____   b. _____   c. _____.
8. Als Alternative zum geschnittenen Baum findet man heute oft _____.
9. Das ist ein persönlicher Beitrag zur _____.
10. Man muß nur vorsichtig sein und diese Topfpflanzen _____.

B Zum Inhalt. Was ist Ihre Meinung?

1. Jedes Jahr werden hunderttausende von lebenden Bäumen gefällt und drei Wochen später in den Abfall geworfen. Ist das richtig?
   a. Ja, denn die Menschen brauchen auch ihre Traditionen, und der Christbaum ist eine der wichtigsten.
   b. Nein, das ist Unsinn. Man kann ja auch Bäume aus Plastik nehmen.

2. Kann ein einzelner durch Verzicht auf einen echten Baum wirklich etwas ändern?
   a. Nein. Die Bäume stehen doch zum Verkauf, auch wenn in manchen Jahren weniger verkauft werden.
   b. Doch. Erstens ist es wichtig, sich aus Prinzip zu weigern. Zweitens, wenn genügend Leute sich zusammenschließen, wird der Markt für lebende Bäume irgendwann kleiner.

3. Wenn Sie / Ihre Familie Weihnachten feiern, haben Sie jemals
   a. einen künstlichen Christbaum (aus Plastik) gekauft?
   b. einen lebenden Baum im Topf gekauft und später im Garten gepflanzt?
   c. ganz auf einen Christbaum verzichtet?
   d. selber im Wald einen Baum gefällt?

Geben Sie bei Ihren Antworten zu 1, 2 und 3 Ihre Begründung und Ihre weiteren Überlegungen an.

C Gruppenarbeit. Diskussionsthema:

Schreiben Sie eine Liste an die Tafel. Welche Möglichkeiten hat der einzelne Mensch, zum Umweltschutz beizutragen? Was kann man konkret tun? Was haben Sie persönlich schon unternommen? Zum Beispiel: Fahrrad fahren statt Auto—statt Papiertücher richtige Putzlumpen (*cloth rags*) verwenden.

D Schriftliche Arbeit. Übersetzen Sie schriftlich das Folgende ins Englische:

Alle deutschen Wälder sind jetzt vom sauren Regen bedroht. In manchen Wäldern sind nur noch 20–25% der Bäume gesund. Kilometerweit stehen tote, braune Bäume. Der Schaden stammt größtenteils von Emissionen der Industrie

Reportage, Legende, Tagebuch

und des Autoverkehrs. Hilfe ist auch leider nicht in Sicht. Die Grenzwerte für Giftstoffe in der Luft sind viel zu hoch, um das Baumsterben zu verhindern. Kranke Bäume, die in die Sterbephase kommen, können nicht mehr gerettet werden. Forstwissenschaftler schlagen jetzt vor, die letzten Tannenzapfen in einer ‚Bank' aufzubewahren, damit die Baumsorte nicht ganz und gar ausstirbt. Man würde dann in 30–40 Jahren die Kerne wieder pflanzen und den Wald wieder aufbauen.

„Legende von den drei Pfändern der Liebe"; „Legende vom Tod"

Was meinen Sie? Fragen zur Diskussion

1. Eine Legende ist ähnlich wie ein Märchen. Was kann man aus Märchen und Legenden lernen?
2. Warum handeln viele Märchen und Legenden vom Tod?
3. Darf man Menschen sterben lassen, wenn sie es wollen?

Zwei Legenden

Karl Heinrich Waggerl

Karl Heinrich Waggerl (1897–1973) veröffentlichte sein Hauptwerk während der dreißiger Jahre, zwischen den beiden Weltkriegen. Seine Bücher sind Bestseller in Österreich und in Deutschland. Man nennt sie auch oft anachronistisch oder trivial. Waggerl gehört zu einer Gruppe von österreichischen Schriftstellern, die die chaotischen historischen Ereignisse ihrer Zeit beiseitelassen. Sie schreiben stattdessen über das einfache, traditionelle Leben auf dem Land. Sie propagieren eine „provinzielle," nicht intellektuelle Literatur, die altmodische, oft katholische Werte aufweist. Hier lesen Sie zwei „Kalendergeschichten": kurze, unterhaltsame Texte, die in Kalendern abgedruckt wurden.

Legende von den drei Pfändern der Liebe

kettle-maker

years that passed

Da war ein armer Mann, ein Kesselschmied° in einem Dorf, der hatte ein Mädchen, mit dem er bald Hochzeit halten wollte. Und das war gut; denn das Mädchen liebte ihn mehr als alles in der Welt. Weil es aber nun am Geld für die Heirat fehlte und weil der Jahre° immer mehr wurden, darum suchte der Mann etwas von seiner Ware zusammen und wollte damit in die Fremde ziehen, um seine Kessel in den Dörfern zu verkaufen. Ich will einen Handel aufmachen, sagte er, warte auf mich.

5 Stimmen aus Österreich und der Schweiz

Da weinte nun das Mädchen und bat ihn zu bleiben. Du wirst nicht wiederkommen, klagte es, ach, du wirst mir untreu werden und nie wiederkommen!

but / consoled / vowed — Allein° der Mann tröstete° seine Braut und schwor° ihr die Treue mit vielen Worten und dachte doch nur an die Fremde, an das Wandern in der weiten Welt, als er schwor. Ich will immer bei Tag in die Dörfer gehen, sagte er, und nachts will ich auf dem Felde schlafen, an den Zäunen° unter den Bäumen, wie sollte ich dir die Treue nicht halten?

an ... by the fences

Das Mädchen schwieg und verbarg seinen Kummer vor ihm. Aber als er auszog, gab es ihm drei Pfänder° der Liebe mit auf den Weg: zum ersten ein Band aus dem Haar, zum zweiten den Ring von der Hand und zum dritten ein Messer, das war blank° und scharf. Nimm das, sagte die Braut. Das Band soll mich finden, der Ring soll dich binden und das Messer. . . .

tokens

shining

Ja, das Messer. Jedenfalls ging der Mann nun über Land und saß am ersten Tag auf dem Markt, handelte mit den Mägden und Frauen, und da war ihm schon wohl bei diesem Leben. Nachts schlief er im Heu auf dem Felde, wie er es versprochen hatte.

Nun geschah es, daß sich in der Dunkelheit eine fremde Frau an sein Lager gesellte.° Du gefällst mir, flüsterte sie, du junger Kesselschmied! Da freute sich der Mann, weil er nicht allein und verlassen in dieser Nacht auf dem Felde liegen mußte. Er küßte die fremde Frau und vergaß alles und zog sie an sich.

an ... came to his camp

Hast du kein Mädchen, fragte sie, mußt du immer so wandern?

Nein, antwortete der Mann, auf mich wartet niemand, ich gehe in die Welt! Und vor Tag, als die Frau von ihm Abschied nahm, und als sie zu weinen anfing, da schenkte er ihr ein Band für das Haar zum Angebinde.°

zum ... as a gift

Am andern Tage kam er in eine Stadt, da war der Handel gut, und er schlug die Hälfte seiner Ware los.° Nachts aber ging er dennoch hinaus und schlief an einem Zaun, wie er es versprochen hatte. Und da kam abermals eine Frau aus der Stadt an sein Lager, die sagte ihm süße Worte ins Ohr und schlief bei ihm. Hast du kein Mädchen daheim,° fragte sie leise, bindet dich nichts?

schlug ... los sold

back home

Nein, keine Seele, ich gehe in die Welt! Aber du sollst nicht weinen, ich will dir ein Angebinde geben, einen Ring für deine Hand.

Und am dritten Tage war der Mann schon weit in der Ferne, er tat sich tüchtig um,° handelte und verkaufte sein ganzes Wandergut auf den Plätzen, und dann ging er zum letzten Mal unter die Bäume, um zu schlafen, wie er es versprochen hatte.

tat ... worked hard

Aber auch in der dritten Nacht schlief er nicht allein, und sie schien ihm die kostbarste° von allen zu sein, diese Frau in der dritten Nacht. Die Frau schlang plötzlich die Arme um seinen Hals und küßte ihn und weinte bitterlich.

loveliest

Was ist dir, sagte der Mann, warum weinst du so sehr?

Ach, sagte die Frau, ich bin todtraurig. Sicher hast du ein Mädchen daheim, das dich so liebt wie ich und das vor Kummer stirbt, wie ich sterben werde, wenn du mich verläßt!

Da verlangte der Mann nur noch heißer nach dieser Frau und beschwor seine Liebe vor ihr, für immer und bis über den Tod. Und am Ende der Nacht bat ihn die Frau um ein Zeichen, daß sie an ihn denken könnte. Aber er hatte nichts mehr, er fand nur sein Messer in der Tasche, und das gab er ihr zuletzt, weil es blank und scharf war, ein hübsches Ding.

Nun war er aber seine Ware los geworden, und darum dachte er heimzukehren, auf dem Wege, den er ausgezogen war, und vielleicht wollte er nur neue Kessel und Pfannen holen, um dann wieder fortzugehen.

Und als er in der ersten Nacht an dem Zaune schlief, da kam niemand mehr zu ihm; aber er sah seinen Ring im Grase liegen, und darüber wunderte er sich sehr.

Reportage, Legende, Tagebuch

Am andern Tage kam er in eine Stadt, da war der Handel gut, und er schlug die Hälfte seiner Ware los.

In der zweiten Nacht suchte er seinen alten Schlafplatz auf dem Felde, da war das Haarband an einen hohen Halm° geknüpft, und der Mann erschrak bis ins Herz hinein.

stalk

In der letzten Nacht aber kam er endlich heim und fand das Haus dunkel und schwarz verhüllt. Warum brennt kein Licht in meinem Hause? fragte der Mann. Geh hinauf, sagten die Leute.

Und als er in die Stube kam, da lag sein Mädchen auf der Bahre.° Da wußte er, daß sie es war, die er dreimal geliebt und dreimal verraten hatte, und nun steckte sein Messer mitten in ihrer weißen Brust.

bier

Ja. Und das ist die Geschichte von den drei Pfändern der Liebe.

Legende vom Tod

Viele Menschen habe ich sterben gesehen, überall, wohin ich kam, hatte der Tod schon zuvor sein Lager aufgeschlagen,° ging umher unter den Menschen und trieb sein Handwerk.° Manche griff er schnell an, trat einfach zu ihnen hin, wenn sie unterwegs waren oder fröhlich bei Freunden zu Tisch saßen, und nahm ihnen das lebendige Wort vom Munde. Andere berührte er bloß mit seiner Hand, da schrien sie schon auf und fielen ins Knie. Aber diesen machte er nur sein Zeichen an die Stirn und ließ sie so.

Lager ... set up camp
trieb ... went about his business

Und wieder welche warteten geradezu° auf ihn, verlangten nach dem Tode, sie waren schon lange elend und in Schmerzen oder sonstwie° unglücklich. Allein der Tod ging vorbei und sah sie nicht an. Sie glaubten zuletzt schon gar nicht mehr an ihn und verhöhnten° ihn, ja, schließlich heilten sogar ihre kranken Glieder, das Glück wendete sich, und es war wieder eine Lust zu leben. Und in diesem Augenblick legte der Tod den Pfeil auf die Sehne.°

outright
otherwise

ridiculed

legte ... death poised his arrow

Aber es war da auch ein Mann, ein junger, starker Mensch, der sterben sollte.

Höre, sagte dieser Mann zum Tode, ich bin doch jung und stark, sieh mich an! Ich habe Augen, die sehen scharf, ich bin geschickt° und kräftig in meinen Gliedern,° und dann habe ich auch ein munteres Herz in der Brust. Mir ist leid um mein Augenlicht, um meine Stärke und um mein Herz, das so fröhlich ist, wenn nun alles un-

nimble / limbs

45

5 Stimmen aus Österreich und der Schweiz

uselessly / rot / perish   nütz° modern° und vergehen° soll. Gib mir Urlaub! Dann will ich einen Blinden suchen, einen Lahmen und einen Dritten, der sonst unglücklich ist; denen soll alles geschenkt sein, was ich habe.

Gut, sagte der Tod, der wissend war, sieh selbst, was daraus wird!

Der Mann ging also über Land, da traf er einen Blinden an der Straße.

Ich muß sterben, sagte er zu dem. Willst du mein Augenlicht haben?

Ja, was verlangst du dafür?

mir ... be grateful to me
mir ... stand by me
es ... he had become afraid

Nichts weiter, sagte der Mann. Du sollst es mir danken° und sollst mir beistehen°, wenn ich sterbe.

Denn es war ihm bang geworden,° darum sagte er so.

Da er nun selbst blind war, bat er den, der sein Augenlicht genommen hatte, daß er ihn führen möge, bis sie einen Lahmen fänden. Und als der Lahme gefunden war, sprach er ihn an und sagte:

Der Tod fragt nach mir. Willst du meine geraden Glieder haben, damit sie nicht

fall to ruin   unnütz verderben°?

Ja, gottlob, was verlangst du dafür?

Danke es mir, und steh mir bei, wenn ich sterbe! antwortete wiederum der Mann, denn jetzt war ihm noch um vieles ängstlicher zumut.

accompanied   Und abermals geleitete° ihn der Beschenkte und trug ihn auf dem Rücken mit sich fort, bis sie an einen Ort kamen, wo ein Mensch unter einem Baum stand, ein

desperate man / noose / branch   Verzweifelter.° Ja, er schlang schon einen Strick° um den stärksten Ast,° so verzweifelt war er.

Laß es, sagte der Mann, klage nicht mehr, ich will dich trösten! Ich bin lahm und blind, der Tod wartet auf mich, aber ich habe noch ein munteres Herz, das will ich dir geben. Und wenn ich sterbe, sollst du es mir danken.

Reportage, Legende, Tagebuch

Über eine Weile nun kam der Tod wieder an den Mann, der alles verschenkt hatte, was ihm im Leben lieb gewesen war, und das Sterben fiel ihm nun seltsam schwer in der Finsternis° und in der Traurigkeit.

darkness
support

Warte noch, sagte er zum Tode. Ich habe mir Beistand° ausgebeten.

Es währte nicht lang, da kam der erste wieder. Aber sieh, dem war das Augenlicht kein Segen° gewesen. Ich verfluche dich, schrie er, stirb, wie du kannst! Ehedem war ich glücklich in meiner dunklen Welt, und nun finde ich nur Unheil° in der anderen, ich habe mein Brot nicht mehr.

blessing
evil

Und als der zweite zurückkehrte, dem die geraden Glieder geschenkt waren, da ging es mit dem nicht besser, nein, auch er hatte keinen Dank und keinen Beistand für den sterbenden Mann. Ich bin ruhelos durch dich geworden, sagte er. Vorher war die Welt klein um mich, ich saß unter Blumen, in der Wärme alle meine Tage, und jetzt? Jetzt ist die Welt endlos, und es sind Elendstraßen, die ich wandern muß.

Am schlimmsten aber stand es um den dritten, um den mit dem fröhlichen Herzen. Der war gebunden und in Ketten, als er vorbei zog. Und der Tag soll verwunschen° sein, rief er herüber, an dem du mich betrogen hast. Denn meine Fröhlichkeit büße ich jetzt im Turm. Stirb du, wie ich sterben muß.

cursed

Ja, und so war da nirgends ein Trost und eine Hilfe, und der Mann hatte einen schweren Tod, verzweifelt und verlassen. Und von dieser Zeit an gibt der Tod keinem mehr Urlaub, damit er etwas zurücklasse oder mitnehme im Guten oder im Bösen. Er schließt die Gräber für immer mit seinem Siegel, und so ist es recht. . . .

. . .

Ausdrücke und Redewendungen

Hochzeit halten   to be married
jemandem (*Dat.*) **die Treue halten**   to be faithful to someone
es ist jemandem (*Dat.*) **wohl**   someone feels good, is glad
Abschied nehmen   to depart, take leave
das Glück wendet sich   (someone's) luck changes
mir ist leid um etwas   I feel regretful about something
jemandem (*Dat.*) **wird es bang**   someone is filled with fear or dread
jemandem (*Dat.*) **beistehen**   to stand by and support someone
es ist jemandem (*Dat.*) **ängstlich zumut**   someone is in a fearful frame of mind
es fällt jemandem (*Dat.*) **schwer**   it is hard for someone
es steht schlimm um jemanden (*Akk.*)   things are bad with (for) someone

Übungen

A   **Zum Inhalt der ‚Legende von den drei Pfändern der Liebe'.** Hier bekommen Sie die Antworten auf Fragen zum Inhalt. Welche Fragen wurden gestellt?

1. Weil er zu Hause das Geld für die Heirat einfach nicht verdienen konnte.
2. Daß er nachts allein auf dem Feld schlafen würde.
3. Drei Pfänder—ein Haarband, einen Ring und ein Messer.
4. Drei Nächte.
5. Drei fremde Frauen.
6. Weil er das Haarband an einem Halm geknüpft fand.
7. Dunkel und schwarz verhüllt.

5 Stimmen aus Österreich und der Schweiz

B **Zum Inhalt der ‚Legende vom Tod'.** Welche Fragen wurden gestellt?

1. Er will das Gesunde, das er hat, an andere weitergeben.
2. Nur, daß sie ihm dankbar sind und beim Tod ihm beistehen.
3. Gut, er sollte sehen, was daraus wird.
4. Stattdessen waren sie böse auf ihn.
5. Er beschließt, nie wieder den Sterbenden die Zeit zu schenken, um etwas mitzunehmen oder zurückzulassen.

C **Zum Inhalt der ‚Legende von den drei Pfändern der Liebe'.** Schreiben Sie eine halbe Seite zu 1 oder zu 2.

1. Die Braut ist selber schuld an ihrem Schicksal, weil sie den Mann in Versuchung führte.
2. Der Mann ist schuld an dem Tod seiner Freundin, weil er gelogen hat. Es ist egal, wer ihn dazu führte.

D **Zum Inhalt der ‚Legende vom Tod'.** Die Moral dieser Geschichte in einem Satz ist:

1. Man kann anderen noch so viel schenken, sie sind nie wirklich dankbar.
2. Jeder stirbt doch allein, egal, wieviel er im Leben getan hat.
3. Jeder muß mit seinen eigenen Sorgen fertig werden; Sorgen kann man nicht mit einem anderen austauschen.
4. Das Gute, was man im Leben hat, muß man erkennen und schätzen, gleichgültig, wie lang oder kurz man lebt.
5. 1, 2, 3 und 4
6. Anderes:

Begründen Sie Ihre Wahl!

E **Gruppenarbeit.** Diskussionsthemen:

1. Am Ende des vierten Paragraphen in der „Legende von den drei Pfändern der Liebe" wird der Satz abgebrochen: „und das Messer . . ." Wie reagiert der Leser darauf? Was kann man dann vermuten? Finden Sie im Text andere „Zeichen", die den Leser das Ende vorausahnen lassen?
2. Kennen Sie andere Geschichten oder Bilder, die den Tod als eine Person darstellen? Finden Sie das glaubhaft? Nennen Sie Beispiele.

F **Schriftliche Arbeit.** Erzählen Sie in eigenen Worten auf etwa einer Seite eine der beiden Geschichten schriftlich nach. *Tips for writing* **Nacherzählungen** (*paraphrased or adapted stories*):

1. Divide the story into sections: beginning, middle, end. Then work in order.
2. Note (mentally or on paper) the main events and main characters before you begin.
3. Consolidate the story's content, emphasizing important aspects, leaving out unimportant ones.
4. Watch your style: don't start sentences with „Und dann" or „Also." Be concise.

Reportage, Legende, Tagebuch

„Wie hast du's mit Amerika?"

Was meinen Sie? Fragen zur Diskussion

1. Haben Sie ein Bild von anderen Ländern? Wenn ja, geben Sie ein paar Beispiele.
2. Europäer stellen sich oft Amerika vor. Glauben Sie, daß viele Europäer dabei an New York denken? Warum / Warum nicht?
3. Ihrer Meinung nach, wie stellen sich Europäer Amerikaner vor?

Wie hast du's mit Amerika?

von Peter Bichsel

Peter Bichsel, geboren 1935 in Luzern, ist ein bekannter schweizer Schriftsteller; er ist ferner Volksschullehrer und hat viele Kindergeschichten geschrieben. Sein Roman „Die Jahreszeiten" (1967) erhielt den Preis der „Gruppe 47," einer wichtigen Schriftsteller-Vereinigung. Bichsel ist bekannt für seinen Humor, aber auch für seine scharfsinnigen Beobachtungen von Details. Die Schweiz ist ein kleines Land, und Bichsel hat nicht nur über seine Heimat geschrieben, sondern auch immer über andere Länder, die Weltpolitik und andere Kulturen. Diese Geschichte beschreibt seine Eindrücke von Amerika. Sie stammt aus einer Sammlung „Geschichten zur falschen Zeit," die 1979 erschien. Sie finden einen weiteren Text von Bichsel in Kapitel 10.

5 Stimmen aus Österreich und der Schweiz

Ich höre, daß der ehemalige° Nixon-Mann Connally¹ in Amerika so eine Art Bürgeraktion° gegen eine mögliche Beteiligung von Kommunisten an der italienischen Regierung gegründet hat.

Das ist Amerika! Das ist — das ist auch Amerika.

Ich komme eben von dort zurück, und meine Bekannten fragen mich, wie es war, und ich sage: „Schön, wunderbar, phantastisch." Ich sage, daß ich dort — in New York — leben möchte. Ich sage, daß es mir nicht leichtgefallen sei, zurückzukommen.

Ja sicher, ich übertreibe — aber man übertreibt nicht ohne Gründe. Und letztlich liegt es wohl nicht an einem Land, wenn man von ihm begeistert ist, sondern an eigenen Gefühlen und Erlebnissen.

Die mögen unter anderem sehr persönlich sein und nicht mitteilbar,° aber dann gibt es auch die Liebe zu einer Stadt — zu New York — eine Stadt, in der alles möglich ist, in der es alles gibt — viele Häuser und viele Menschen und alle Arten von Menschen.

Immer wieder dieselbe Überraschung, wenn man bei der Ankunft den ersten Schwarzen sieht. Das weiß man zwar, jeder weiß es, daß es da Schwarze gibt und daß es ein Rassenproblem gibt, aber dann doch immer wieder die optische Überraschung. Man muß sich beherrschen, daß man ihn nicht anstarrt. Und die Freundlichkeit der Amerikaner. Man hat zwar schon nach der letzten Reise allen Leuten davon erzählt, trotzdem ist man erneut überrascht.

Ich erzähle auch jetzt wieder meinen Bekannten davon, jenen die noch nie da waren, und sie haben ihre Antwort bereit. Sie wissen: „Freundlich ja, aber doch nur oberflächlich,° vordergründig?" Sie kennen auch den Ausdruck dafür: „Keep smiling".²

Und gut, ich muß zugeben, es ist Freundlichkeit, nicht mehr. Aber das ist vielleicht doch viel, jederzeit „bitte" (*please*) zu sagen, sich den Namen des andern zu merken, wenn er einem beiläufig° vorgestellt wird, und den Namen nach Tagen noch zu wissen und über die Straßen „Hello Peter" zu rufen und den Namen auch auszusprechen bei Fragen und Antworten. Gut, das ist einfach antrainiert. Wir können es nicht, weil wir es nicht trainiert haben, wir kokettieren alle mit unserem schlechten Namensgedächtnis.³ Aber sich einen Namen zu merken, das ist eine Anstrengung, eine Leistung, eine kleine Aufmerksamkeit,° die mehr wert ist als Blumen. Und das ist nicht unwichtig als Mittel,° in der Anonymität der großen Stadt zu überleben. Man gibt einem andern viel, wenn man ihm seine Identität gibt.

Dann eine Stadt zum Anschauen, zum Dasitzen und Anschauen. Die „New York Times" kaufen am Morgen — Snobismus oder Exotik, aber es tut irgendwie gut, eine „New York Times" unter dem Arm zu tragen. Dann der Barkeeper, der einen schon das zweite Mal wie einen alten Bekannten begrüßt und einen spendiert (*one on the house*). Und dann auch plötzlich die überraschende Einsicht, wenn ich hier in einem kleinen Ramschladen° etwas kaufe, daß ich dann nicht beim reichen Mann kaufe. Daß es hier Arme gibt, die sich mit einem kleinen Lädeli° schlecht und recht durchschlagen. Ich merke es ihm an, daß er auf diese meine fünf Dollar angewiesen ist, daß er vielleicht genau mit diesen essen geht. Typisch für Amerika? — Nein, wohl nicht. Aber wer entscheidet über typisch und untypisch — letztlich wohl doch nur die Statistik, und die habe ich nicht zur Hand, wenn ich mich über die Freundlichkeit eines Trödlers° an der Canal Street freue.

Und dann in jener „New York Times" nach dem suchen, was wir hier in Europa Weltpolitik nennen. Man findet es nicht, nichts über Frankreich, nichts über Deutschland, über Italien, kaum etwas über die Sowjetunion, es sei denn im Zusammenhang

Reportage, Legende, Tagebuch

mit Amerika, mit amerikanischen Interessen. Oder es sei denn, ein europäischer Präsident stirbt, wird ersetzt usw. Die Enttäuschung des Europäers, daß in dieser Zeitung all das, was wir „Welt" nennen, zusammenschmilzt auf ein paar politische (mehr oder weniger genaue) Fakten.

Dann ein Flug von New York nach Los Angeles, der fast so lange dauert wie jener von Zürich nach New York — ein großes Land. Ich habe zum ersten Mal beim Fliegen vom Start bis zur Landung nur aus dem Fenster geschaut. Ich habe mir vorgestellt, daß diese Strecke von den Go-West-Leuten zurückgelegt wurde, die Wüste, die Rocky Mountains, der Grand Canyon. Man sieht vom Flugzeug aus, wie sich der Mensch in diese Wüste hineinkratzt.° *scrapes*

Ein großes Land.

Und mir fällt ein, wie wenig Assoziationen ich habe, wenn ich zu Hause das Wort Amerika ausspreche — ein Präsident, ein Kissinger,[4] eine CIA — ein Cowboy, wenn es hochkommt.

Sicher, Europa hat mehr Informationen über Amerika als Amerika über uns, und wir beschäftigen uns auch mehr damit — auch Blue Jeans sind eine Information. Und manch einer, der noch nie in Amerika war, mag vielleicht durch Lektüre mehr über Amerika wissen als ich. Ich bin kein Amerikakenner° — ein simpler Tourist, dem seine Ferien gefallen haben. *America-connoisseur*

Und danach, so glaube ich, fragen mich meine Bekannten: „Wie hat es dir gefallen?" Und ich komme mir vor wie ein Schüler, der zum voraus° weiß, daß seine Antwort falsch ist, wenn ich sage: „Es war richtig schön, New York ist eine wunderbare Stadt — ich fühle mich richtig gut in New York." *zum ... in advance*

Denn schließlich, das verstehe ich, meinen sie mit ihrer Frage nicht, wie es mir persönlich ergangen sei, sondern so etwas wie „Wie hast du's mit° Amerika?" *Wie ... How do you feel about*

Von Häuserschluchten° in New York möchten sie wohl hören. Sie glauben mir nicht recht, daß man auch nachts auf der Straße gehen kann, sie glauben mir nicht, daß ich meine Sonnenbräune von den Straßen New Yorks habe und vom Washington Square, sie glauben mir nicht, wenn ich sage, daß die Amerikaner ausgesprochen freundlich seien und daß einem das Freude mache. *skyscraper canyons*

Denn als „Amerikaner" bezeichnet man hier etwas anderes als einfach die Leute, die in diesem Land leben.

„Die Amerikaner", so heißt eine Armee. „Die Amerikaner", so heißt eine kapitalistische Wirtschaftsmacht.° „Die Amerikaner" so heißt die CIA. *economic power*

Eigenartig,° daß man einem, der aus Spanien zurückkehrt, sofort glaubt, daß es in Spanien auch Spanier gibt, die Spanier nette Spanier sind und nicht Faschisten. Für engagierte° Linke war es zwar immer etwas suspekt, nach Spanien in die Ferien zu gehen, und wenn sie's schon taten, dann schämten sie sich immerhin ein wenig, daß sie in diesem Land schöne Tage hatten. *Strange* / *politically involved*

Aber das Wort „Spanier" ist nicht zum Signet° für Faschismus geworden so wie das Wort „Amerikaner" zum Signet für brutalen Kapitalismus — dies wohl ganz einfach deshalb, weil Spanien keine Weltmacht ist. *emblem*

So muß ich halt° deutlich sagen, daß ich für diesmal mit dem Wort „Amerika" die Bezeichnung für ein Land meine und mit dem Wort „Amerikaner" die Bezeichnung für die Leute, die in diesem Land leben. Sie sind nicht so sehr typisch, wie wir uns das so gern vorstellen — es gibt viele und verschiedene, und New York ist eine kleine (oder große) Welt voller Menschen. Sie leben in einer Stadt, die man seit Jahren untergehen° zu sehen glaubt und die immer noch da ist und nicht schlechter aussieht als vor vier oder zehn Jahren. (Wie gesagt, mir fehlt die Statistik, und ich rede nur von dem, was ich gesehen habe.) *just* / *collapsing*

Und die Menschen, die hier leben, kamen alle irgend einmal hier an. Sie legen Wert darauf, eine Herkunft° in der Alten Welt zu haben. Sie sind Iren, Juden, Deutsche, Spanier, Puertoricaner — ihre Väter und Großväter sind hier angekommen.

origins

Und Amerika war für sie eine Hoffnung.

Für viele ist es nicht mehr geworden, für viele ist es weiterhin nur eine Hoffnung. Aber für einen satten° Europäer kann es wohltuend° sein, so viel Hoffnung (wenn auch verzweifelte°) versammelt zu sehen.

well-fed / refreshing
desperate

Amerikanischer Patriotismus wird uns wohl unverständlich bleiben — daß jedes Fest — selbst Ostern — ein Fest der amerikanischen Flaggen ist, das verdauen° wir schlecht.[5] Aber vielleicht ist es so, daß diese Flagge auch für die Amerikaner etwas Exotisches hat, nicht Realität ist, sondern Versprechen.

to stomach, digest

Vielleicht ist es so, daß Blue Jeans auch für einen Amerikaner ein besonderes Kleidungsstück sind.

Jedenfalls ist es eigenartig, daß diese amerikanischen Jeans lange und teilweise bis heute das Signet der Progressiven bei uns waren — daß, wer bei uns eine amerikanische Armeejacke trägt, wohl kaum ein Bürgerlicher° ist. Ich glaube nicht, daß sich das nur damit begründen läßt, daß diese Kleidungsstücke praktisch oder billig sind.

bourgeois

Vielleicht hat das irgendwie auch mit Hoffnung zu tun.

Vielleicht erwarten wir wirklich — ohne es zu wissen — etwas von diesem Amerika. Und vielleicht ist unser gebrochenes° Verhältnis zu diesem Wort „Amerika" der Ausdruck unserer Ungeduld oder unserer Enttäuschung.

ambivalent

15.5.76

...

Übrigens...

1. John Connally was one of Richard Nixon's top advisors; he had previously been wounded at the assassination of J. F. Kennedy. Here Bichsel presents the irony that American politicians have the nerve to intervene against Communism through the governments of other nations.

2. It is a common cliché in Europe that Americans are superficial in their friendliness.

3. Bichsel says Europeans are "coquettishly" proud of their poor memory for names. In fact, it is not only unusual but in fact offensive, according to European standards, to address casual acquaintances and strangers by their first names.

4. Richard Nixon's Secretary of State.

5. Europeans keep religious, secular, and patriotic holidays strictly separate. It is considered totally inappropriate to fly the flag at any occasion that is not of a clear-cut patriotic nature.

Ausdrücke und Redewendungen

so eine Art   some kind of
etwas fällt einem nicht leicht   something is not easy for someone
das weiß man zwar   one knows that, of course
man muß sich beherrschen   one must control oneself
es tut irgendwie gut   somehow it feels good
einen spendieren   to treat someone to a drink
sich schlecht und recht durchschlagen   to manage somehow, survive by hook or by crook
jemand ist auf etwas (*Akk.*) **angewiesen**   someone depends on something

Reportage, Legende, Tagebuch

alles schmilzt zusammen auf everything boils down to
richtig schön / richtig gut really nice / truly good
etwas ist suspekt something is suspicious
man schämt sich immerhin ein wenig one is at least a little embarrassed
etwas wird uns unverständlich bleiben something will remain incomprehensible to us

Übungen

A **Zum Inhalt.** Sind die folgenden Aussagen richtig oder falsch? Wenn falsch, warum?

R F 1. Bichsels Darstellung von Amerika ist sehr kritisch.
R F 2. Der Autor hat Amerika nie besucht, sondern nur darüber gelesen.
R F 3. Der Autor behauptet, Freundlichkeit kann eine wichtige Aufmerksamkeit sein.
R F 4. Er möchte nicht von jedem Barkeeper mit Vornamen angeredet werden.
R F 5. Bichsel hätte lieber Spanien besucht.
R F 6. Bichsel behauptet, Europäer hätten ein gebrochenes Verhältnis zu Amerika.

B **Zum Inhalt.** Kernsätze: Verbinden Sie die zwei Hälften der wichtigsten Sätze in dieser Erzählung.

1. New York ist eine Stadt,
2. Es liegt nicht an dem Land, wenn man von ihm begeistert ist, sondern
3. Man gibt einem andern viel, wenn
4. Europa hat mehr Informationen über Amerika
5. Das Wort „Amerikaner" ist zum Symbol _____ geworden
6. Amerika war für sie

a. man ihm seine Identität gibt
b. als Amerika über uns
c. für den brutalen Kapitalismus
d. in der alles möglich ist
e. die Hoffnung
f. an eigenen Gefühlen und Erlebnissen

C **Zum Inhalt.** Wieviele amerikanische Redewendungen oder Wörter können Sie im Text finden? Wieviele ursprungsverwandte (*cognate*) Wörter? Schreiben Sie sie auf.

D **Zum Inhalt.** Stimmen Sie zu? Oder sind Sie anderer Meinung?

1. Freundlichkeit ist sehr wichtig, auch wenn sie nur oberflächlich ist—sie ist trotzdem sehr wichtig.
2. Ich möchte von jedem mit dem Vornamen angesprochen werden.
3. Blue Jeans trägt man, weil sie praktisch und billig sind, und nicht, weil sie irgend eine politische Bedeutung haben.
4. Durch Blue Jeans kann man der ganzen Welt zeigen, wo man politisch steht.

5 Stimmen aus Österreich und der Schweiz

5. Ich liebe die Stadt New York!
6. Amerika ist eine Hoffnung.
7. Europäer sind gegenüber Amerika viel zu kritisch.
8. Es ist richtig, jedes Fest (ob religiös oder nicht) mit patriotischen Gesten zu feiern.

E Zum Inhalt. Welche Wörter passen?

1. Amerika ist eine kapitalistische _____.
2. Connally war gegen die Beteiligung von _____ an der italienischen Regierung.
3. Bichsel findet die _____ der Amerikaner zwar oberflächlich, aber doch wichtig und angenehm.
4. Europäer werden wohl nie den amerikanischen _____ verstehen, der sogar zu religiösen Feiertagen vorhanden ist.
5. Der Nachname des Autors ist _____.
6. Der _____ begrüßt einen wie einen alten Bekannten und spendiert einem ein Glas.
7. _____ wird erwähnt als Vergleich zu Amerika: es war lange Zeit unter faschistischer Herrschaft und galt oft als suspekt.

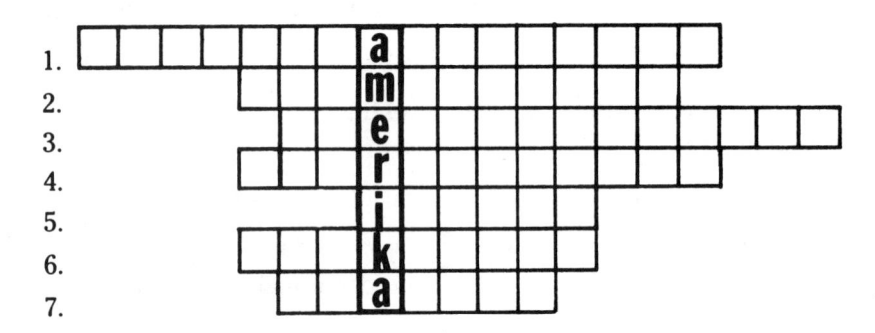

Lösung: 1. Wirtschaftsmacht 2. Kommunisten 3. Freundlichkeit 4. Patriotismus 5. Bichsel 6. Barkeeper 7. Spanien

F Gruppenarbeit. You often hear Europeans complain that Americans are all very friendly but that their friendliness is only superficial—that true and lasting friendships are hard to form. Americans often complain, on the other hand, that Europeans are cold, unfriendly, and not anxious to put others at ease. Divide into two groups. Try to defend the following viewpoints:

1. It is better to be polite—but not necessarily friendly—to strangers. True friendships need time to form. Overt gregariousness pushes you into relationships you may later regret. Phrases such as "Have a nice day" are trite and annoying.
2. It is desirable for all persons to be as friendly as possible to everyone they meet. Everyone loves to see a smile and a friendly greeting. True friendships will form independent of such superficial friendliness. Why be cold to people just because you don't know them?

WICHTIGE VOKABELN

die Freundlichkeit	friendliness	die Fremden (*Pl.*)	strangers
die Freundschaft	friendship	die Bekannten (*Pl.*)	acquaintances
höflich	polite	oberflächlich	superficial
das Lächeln	smile	die Beziehungen (*Pl.*)	relationships
der Gruß	greeting		

6

Proteste und Manifeste

•••

Alternativen

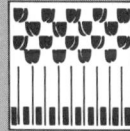

6 Proteste und Manifeste

„Abendlied"

Was meinen Sie? Fragen zur Diskussion

1. Kennen Sie romantische Gedichte? Welche?
2. Woran denken Sie, wenn Sie Mond und Sterne sehen?
3. Lesen Sie gern Gedichte? Romantische oder moderne? Welche?

Abendlied

Matthias Claudius

Auch in der Literatur aus den letzten Jahren gibt es viele Texte, die alternatives Denken ausdrücken. Im folgenden lesen Sie vier Gedichttexte: je ein Gedicht von Matthias Claudius (1740–1815) und von Johann Wolfgang von Goethe (1749–1832) und zwei literarische Parodien dieser Gedichte von den modernen Autoren Fitzgerald Kusz und Karlhans Frank. Durch die Parodie versuchen sie, am Beispiel eines bekannten alten Textes eine moderne Idee auszuführen. Dem Leser klingen die Verse zunächst vertraut und angenehm, aber die Worte selbst sind weder angenehm noch idyllisch, sondern sie versuchen, den Leser zu schockieren, ihn aufzuwecken und zum alternativen politischen Denken anzuregen.

                  Der Mond ist aufgegangen,[1]
shine forth   Die goldnen Sternlein prangen°
                  Am Himmel hell und klar;
= schweigt   Der Wald steht schwarz und schweiget,°
= steigt   Und aus den Wiesen steiget°
                  Der weiße Nebel wunderbar.

                  Wie ist die Welt so stille,
der... *protective cloak of* Und in der Dämmrung Hülle°
    twilight
comforting / lovely   So traulich° und so hold°!
                  Als eine stille Kammer,
misery   Wo ihr des Tages Jammer°
                  Verschlafen und vergessen sollt.

                  Seht ihr den Mond dort stehen?—
                  Er ist nur halb zu sehen
                  Und ist doch rund und schön.
                  So sind wohl manche Sachen,
unthinkingly   Die wir getrost° belachen,
= sehen   Weil unsre Augen sie nicht sehn.°

nothing but / sinners	Wir stolze Menschenkinder Sind eitel° arme Sünder° Und wissen gar nicht viel;
spinnen ... build castles in the air *artifices*	Wir spinnen Luftgespinste° Und suchen viele Künste° Und kommen weiter von dem Ziel.
breath of evening *verschon ... may God spare us*	So legt euch denn, ihr Brüder, In Gottes Namen nieder, Kalt ist der Abendhauch°; Verschon uns Gott° mit Strafen Und laß uns ruhig schlafen Und unsern kranken Nachbarn auch.

Übrigens . . .

1. This is a romantic mood poem that relies heavily on nature images, used here for the specific purpose of demonstrating a religious message: humanity should find peace of mind by turning to God and the world He created. The simple language is reminiscent of religious hymns, and it is as a song that this poem is familiar to most Germans.

6 Proteste und Manifeste

„Abendlied — 1973"

Was meinen Sie? Fragen zur Diskussion

1. Das folgende Gedicht ist eine Parodie des ersten Gedichts. Können Sie „Parodie" definieren?
2. Der Autor schreibt über Umweltverschmutzung, das Fernsehen und über die Medien, die die Menschen heute beherrschen. Glauben Sie, daß seit Matthias Claudius die Welt besser / schlechter geworden ist? Warum?
3. Möchten Sie die Welt gern ändern? Wie?

Abendlied — 1973
Karlhans Frank

Der mond ist aufgegangen,
die goldnen sternlein prangen,
mein freund, du siehst es nicht,
weil aus profitfabriken
die menschen nebel schicken,
gefährlich, giftig, stinkend, dicht.

Wie wär die welt so stille
und in der dämmrung hülle
gäbs° zeit zu tanz und lust,
preßten nicht tagessorgen,°
gedanken an das morgen
noch auf das abgas° in der brust.

Jammer nur halb zu sehen,
dem denken zu entgehen,°
vergessen den verdruß,°
schaust du den fernsehflimmer°
sandmännchen bringt ins zimmer
das abendlied von claudius.

So werden menschenkinder
täglich ein wenig blinder
und wissen gar nicht viel;
weil die paar, die besitzen,
uns den verstand° stibitzen°:
das bringt sie näher an ihr ziel.

° gäbs = gäbe es
° preßten... if the day's cares did not lie heavy
° pollution
° dem... to escape thinking
° worry
° glimmer of the TV
° mind / swipe, steal

	So legt euch denn, ihr brüder,
	in dieser nacht nicht nieder:
besprecht ... *discuss the poor show*	besprecht das schlechte stück°!
found out	Habt ihr herausbekommen,°
evening's peace	wer abendruh° genommen,
	dann holt sie euch von ihm zurück.

...

Übrigens ...

1. **Sandmännchen,** the little sandman, is a cartoon figure used by German network television.

„An den Mond"

...

Was meinen Sie? Fragen zur Diskussion

1. Kennen Sie andere Werke von Goethe? Welche?
2. Gibt der Mond Ihnen ein Gefühl von Ruhe und Frieden? Erklären Sie das.

An den Mond [1]

Johann Wolfgang von Goethe

(Strophen 1 und 2)

	Füllest wieder Busch und Tal
misty glow	Still mit Nebelglanz,°
set free	Lösest° endlich auch einmal
	Meine Seele ganz;
you spread / fields	Breitest° über mein Gefild°
soothingly	Lindernd° deinen Blick,
	Wie des Freundes Auge mild
fate	Über mein Geschick.°

...

6 Proteste und Manifeste

„Goethe an Nixon"
...

Was meinen Sie? Fragen zur Diskussion

1. Was wissen Sie über Richard Nixon?
2. Was haben Sie über den Krieg in Vietnam gehört?

Goethe an Nixon[2]

Fitzgerald Kusz

Füllest wieder Busch und Tal
Still mit Napalmglanz°   *the glow of napalm*
sengest° endlich auch einmal   *you burn*
meine Hütte ganz

Breitest über mein Gefild
lindernd deinen Segen°   *blessing*
und aus deinen Bombern quillt°   *pours out*
sanfter Freiheitsregen

...

Übrigens . . .

1. Goethe's poem is also an example of romantic imagery. Human beings find peace and fulfillment in their harmony with nature.
2. Richard Nixon's name in the title is a symbol for American involvement in Vietnam.

Ausdrücke und Redewendungen

am Beispiel von . . . etwas ausführen   to explain something using the example of . . .
etwas verschlafen und vergessen   to sleep over something and forget it
etwas belachen   to laugh at something
in Gottes Namen   in God's name
etwas bringt jemanden näher an sein Ziel   something brings someone closer to his goal
etwas besprechen   to discuss something

Übungen

A   **Zum Inhalt.** Beantworten Sie die folgenden Fragen.

Alternativen

ZU CLAUDIUS: 1. Welche Elemente der Natur oder der Landschaft werden hier genannt, die den Menschen trösten und zum Nachdenken bringen sollen?

2. Welche Bitte drückt die letzte Strophe des Gedichts aus?

ZU FRANK: 3. Woher stammt hier der Nebel?

4. Warum kann man nicht mehr ruhig schlafen und den Abend genießen?

5. Wozu fordert die letzte Strophe auf?

ZU GOETHE: 6. An wen ist das Gedicht gerichtet?

7. Womit vergleicht die zweite Strophe den Blick des Mondes?

ZU KUSZ: 8. Womit wird diesmal das Tal gefüllt?

9. Aus dem Himmel kommen zwei Sachen, die in der zweiten Strophe genannt werden. Was sind sie?

B **Zum Inhalt.** Drücken Sie mit eigenen Worten den Inhalt dieser vier Gedichte aus—in jeweils einem oder zwei Sätzen.

C **Zum Inhalt.** Wie reagieren Sie?

ZU CLAUDIUS: 1. Welche Stimmung erweckt dieses Gedicht?

2. Auf wen soll der Mensch vertrauen und warum?

ZU FRANK: 3. Stimmen Sie überein mit der Behauptung: Die Menschheit wird täglich etwas blinder?

4. In der dritten Strophe: Sehen Sie eine Verbindung zwischen dem Fernsehmännchen und „dem Denken entgehen"?

ZU GOETHE: 5. Lesen Sie gern ein solches Gedicht? Hat es für Sie Bedeutung? Können Sie sich darunter etwas vorstellen?

6. Wer spricht hier? Irgendjemand besonders?

ZU KUSZ: 7. Wer spricht hier? Von wessen „Hütte" ist die Rede?

8. Wie reagieren Sie auf die zweite Zeile?

9. Warum nennt der Dichter das, was aus den Bombern fällt, „Freiheitsregen"? Können Sie sich das erklären?

10. Welches der vier Gedichte gefällt Ihnen am besten? Warum?

D **Zum Inhalt.** Suchen Sie irgendeine einzelne Strophe aus. Übersetzen Sie sie so gut wie möglich ins Englische.

E **Zum Inhalt.** Lernen Sie die erste Strophe des Claudius-Gedichts oder des Goethe-Gedichts auswendig. Wer möchte eine Strophe aufsagen?

F **Gruppenarbeit.** Diskutieren Sie das folgende Thema in Gruppen von drei oder vier Personen:

Warum schrieben die beiden modernen Autoren nicht einfach ein Gedicht über Vietnam oder über den Nebel aus den „Profitfabriken"? Warum nahmen sie stattdessen bekannte Gedichte zum Muster?

6 Proteste und Manifeste

„Dann gibt es nur eins!"
...
Was meinen Sie? Fragen zur Diskussion

1. Glauben Sie, daß es immer wieder Krieg geben wird? Warum?
2. Können die Menschen zum Krieg „Nein" sagen? Wie?
3. Wo könnte es heute wieder Krieg geben? Warum? Wie könnte man ihn verhindern?

Dann gibt es nur eins!
Wolfgang Borchert

Wolfgang Borchert, geboren im Jahr 1921, starb im November 1947 im Alter von 26 Jahren. Er ist der bedeutendste deutsche Dichter der unmittelbaren Nachkriegszeit: seine Erzählungen und besonders sein bekanntes Drama „Draußen vor der Tür" beschreiben die fürchterliche Lage der jungen Soldaten, die aus dem Krieg heimkehrten. Die folgende Aufforderung zum Neinsagen schrieb er einen Monat vor seinem Tod. Er starb an einer Krankheit, die er im Krieg bekommen hatte. Der Text „Dann gibt es nur eins!" ist hier leicht gekürzt.

Du. Mann an der Maschine und Mann in der Werkstatt. Wenn sie dir morgen befehlen, du sollst keine Wasserrohre und keine Kochtöpfe mehr machen — sondern Stahlhelme und Maschinengewehre, dann gibt es nur eins:

Sag NEIN!

Du. Mädchen hinterm Ladentisch und Mädchen im Büro. Wenn sie dir morgen befehlen, du sollst Granaten° füllen und Zielfernrohre° für Scharfschützengewehre° montieren, dann gibt es nur eins:

grenades / telescopes / sharpshooter rifles

Sag NEIN!

Du. Besitzer der Fabrik. Wenn sie dir morgen befehlen, du sollst statt Puder und Kakao Schießpulver° verkaufen, dann gibt es nur eins:

gunpowder

Sag NEIN!

Du. Forscher im Laboratorium. Wenn sie dir morgen befehlen, du sollst einen neuen Tod erfinden gegen das alte Leben, dann gibt es nur eins:

Sag NEIN!

Du. Dichter in deiner Stube. Wenn sie dir morgen befehlen, du sollst keine Liebeslieder, du sollst Haßlieder singen, dann gibt es nur eins:

Sag NEIN!

Du. Arzt am Krankenbett. Wenn sie dir morgen befehlen, du sollst die Männer kriegstauglich° schreiben, dann gibt es nur eins:

fit for action

Sag NEIN!

Alternativen

pulpit   Du. Pfarrer auf der Kanzel.° Wenn sie dir morgen befehlen, du sollst den Mord segnen und den Krieg heilig sprechen, dann gibt es nur eins:
Sag NEIN!

Du. Kapitän auf dem Dampfer. Wenn sie dir morgen befehlen, du sollst keinen Weizen mehr fahren — sondern Kanonen und Panzer, dann gibt es nur eins:
Sag NEIN!

Du. Pilot auf dem Flugfeld. Wenn sie dir morgen befehlen, du sollst Bomben und Phosphor über Städte tragen, dann gibt es nur eins:
Sag NEIN!

Du. Schneider auf deinem Brett. Wenn sie dir morgen befehlen, du sollst Uniformen zuschneiden, dann gibt es nur eins:
Sag NEIN!

robe   Du. Richter im Talar.° Wenn sie dir morgen befehlen, du sollst zum Kriegsgericht gehen, dann gibt es nur eins:
Sag NEIN!

Du. Mann auf dem Bahnhof. Wenn sie dir morgen befehlen, du sollst das Signal zur Abfahrt geben für den Munitionszug und für den Truppentransport, dann gibt es nur eins:
Sag NEIN!

draft notice   Du. Mann auf dem Dorf und Mann in der Stadt. Wenn sie morgen kommen und dir den Gestellungsbefehl° bringen, dann gibt es nur eins:
Sag NEIN!

Diese Frauen folgen Borcherts Aufforderung: Mütter, sagt NEIN!

6 Proteste und Manifeste

Du. Mutter in der Normandie und Mutter in der Ukraine, du, Mutter in Frisko und London, du, am Hoangho und am Mississippi, du, Mutter in Neapel und Hamburg und Kairo und Oslo — Mütter in allen Erdteilen, Mütter in der Welt, wenn sie morgen befehlen, ihr sollt Kinder gebären, Krankenschwestern für Kriegslazarette und neue Soldaten für neue Schlachten, Mütter in der Welt dann gibt es nur eins:
Sagt NEIN! Mütter, sagt NEIN!

Denn wenn ihr nicht NEIN sagt, wenn IHR nicht nein sagt, Mütter, dann: [. . .] eine schlammgraue° dickbreiige° bleierne° Stille wird sich heranwälzen°, gefräßig, wachsend, wird anwachsen in den Schulen und Universitäten und Schauspielhäusern, auf Sport- und Kinderspielplätzen, grausig und gierig, unaufhaltsam —

der sonnige saftige Wein wird an den verfallenen Hängen° verfaulen, der Reis wird in der verdorrten Erde vertrocknen, die Kartoffel wird auf den brachliegenden° Äckern erfrieren und die Kühe werden ihre totsteifen Beine wie umgekippte Melkschemel° in den Himmel strecken — [. . .]

dann wird der letzte Mensch, mit zerfetzten Gedärmen° und verpesteter Lunge, antwortlos und einsam unter der giftig glühenden Sonne und unter wankenden Gestirnen umherirren, einsam zwischen den unübersehbaren Massengräbern und den kalten Götzen° der gigantischen betonklotzigen verödeten Städte, der letzte Mensch, dürr, wahnsinnig, lästernd,° klagend — und seine furchtbare Klage: WARUM? wird ungehört in der Steppe verrinnen, durch die geborstenen Ruinen wehen, versickern im Schutt der Kirchen, gegen Hochbunker klatschen, in Blutlachen fallen, ungehört, antwortlos, letzter Tierschrei des letzten Tieres Mensch — all dieses wird eintreffen, morgen, morgen vielleicht, vielleicht heute nacht schon, vielleicht heute nacht, wenn — wenn —

wenn ihr nicht NEIN sagt.

(Oktober 1947)

Marginalia:
- *mud-gray / thick / leaden / surge forth*
- *slopes*
- *fallow*
- *milking stools*
- *zerfetzten . . . torn intestines*
- *false gods, idols*
- *blasphemous*

⋯

Übung

Diskutieren Sie:

1. Warum wiederholt Borchert immer wieder die gleichen Ausdrücke? Wie wirkt das auf den Leser?
2. Wieviele Berufe werden genannt, die den Krieg verhindern könnten? Gibt es Berufe, die *nichts* mit dem Krieg zu tun haben?
3. Kann der Krieg wirklich verhindert werden, indem das Individuum sich weigert mitzumachen? Oder kann eine Regierung auch ohne Zustimmung der Bevölkerung Krieg führen?

Alternativen

**Manifeste: „Frauen gegen die Atombewaffnung"
und „Kleine Magna Charta"**

Was meinen Sie? Fragen zur Diskussion

1. Was ist ein Manifest?
2. Sind Sie für oder gegen die Atombewaffnung? Warum?
3. Ist die Frage der Atombewaffnung in den neunziger Jahren immer noch aktuell? Inwiefern?
4. Was ist die Magna Charta?
5. Was können Sie persönlich dafür tun, daß Menschen besser miteinander ankommen? Geben Sie drei Beispiele.

Manifest: Frauen gegen die Atombewaffnung

Hier lesen Sie zwei der vielen Manifeste, die verfaßt wurden von Menschen, die NEIN sagen wollten. Dutzende von solchen Erklärungen—unterzeichnet von Wissenschaftlern, Schriftstellern, Journalisten und öffentlichen Persönlichkeiten jeder Art—erschienen in Deutschland in den späten fünfziger Jahren. Der wachsende Kalte Krieg forderte immer mehr Widerstand bei der deutschen Bevölkerung heraus, die sich nur allzu gut an den Krieg erinnern konnte.

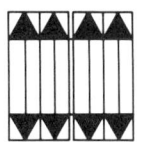

Wir unterzeichneten Frauen nehmen hier zu der Atomfrage Stellung. Wir sind von keiner Seite gelenkt. Wir gehören verschiedenen Konfessionen an. Wir haben verschiedene politische Ansichten und stehen verschiedenen Parteien nahe oder nicht nahe.

Einig aber wissen wir uns in dieser Erklärung, und das ist in zweifacher Hinsicht:

1. Wir sind uns einig in dem Bewußtsein unserer Freiheit und der daraus folgenden Verantwortung. Sie verpflichten uns, zu den politischen Vorgängen Stellung zu nehmen, vor allem dann, wenn diese eine Bedrohung des Lebens bedeuten.

2. In eben dieser Verantwortung sind wir uns einig in der Ablehnung° des atomaren Krieges, der atomaren Rüstung° und der politischen Drohung mit Atomaufrüstung und Atomkrieg.

Wir erklären daher unsere Zustimmung zu der Rede Albert Schweitzers[1] und zu der Göttinger Erklärung[2] der westdeutschen Atomphysiker, die sich gegen die Anwendung der atomaren Kräfte im Bereich der politischen und militärischen Machtauseinandersetzungen° wenden. Wir stimmen ebenso dem Appell der Atomphysiker zu, in Deutschland keine atomaren Waffen, welcher Art auch immer, zu haben.

repudiation
armaments

power struggles

6 Proteste und Manifeste

decision of conscience

Wir erklären uns bereit, für diesen Gewissensentscheid° überall und jederzeit einzutreten und jeder Verharmlosung des Atomwaffenproblems im Bewußtsein unseres Volkes an unserem Teil zu widerstehen.

(*Herbst 1957*)

unter anderen

Das Manifest wurde u. a.° von den Schriftstellerinnen Ilse Aichinger, Hedwig Conrad-Martius, Gertrud von Le Fort, Luise Rinser und Ina Seidel unterzeichnet.

...

Übrigens . . .

1. Schweitzer received the 1952 Nobel Peace Prize for his lifelong efforts to promote world peace.
2. On 12 April, 1957, 18 German nuclear physicists—among them many Nobel Prize winners—declared their refusal to take part in the production, testing, or use of atomic weapons in any form. Then-chancellor Konrad Adenauer responded to their explanation of the atomic threat by saying that "these gentlemen" lacked essential information on the matter, since they had not consulted him. At that, writer Kurt Hiller sent a telegram to Adenauer calling him an arrogant Zero who should disappear from the political scene as quickly as possible (. . . **gibt uns Anlaß, Ihnen unsere Verachtung auszusprechen und den Wunsch zu erneuern, daß eine dem wahren Interesse des Vaterlands fortgesetzt abträglich handelnde arrogante Null wie Sie raschestens von der politischen Bildfläche verschwinde.**)

Manifest: Kleine Magna Charta
Arnold Krieger

◄ ▬▬▬▬▬▬▬▬▬ ►

Arnold Krieger, Verfasser von vielen Romanen, Gedichten und Dramen, lebte von 1904 bis 1965. Er war schon ein sehr erfolgreicher Autor, als er kurz vor dem Ende des 2. Weltkrieges in die Schweiz floh. Später kehrte er nach Darmstadt zurück, wo er bis zu seinem Tod lebte. Krieger, ein Verehrer und Freund Albert Schweitzers, schrieb eine berühmte Afrika-Trilogie. Der Afrika-Roman „Geliebt, gejagt und unvergessen" ist sein bekanntestes Werk: es plädiert für die Unabhängigkeit Afrikas und gegen den Rassismus. Krieger war vor allem ein Humanist. Er hoffte, Europa würde sich zum Zentrum des Humanismus und des Friedens entwickeln. Mit der „Kleinen Magna Charta" wollte er die Ziele einer solchen Humanisierung präzis in Worte fassen.

Alternativen

horrors

arrogance

servility

model

conscience

> **KLEINE MAGNA CHARTA**
> Es ist mein Wunsch, mich frei unter freien Menschen bewegen zu dürfen. Ich möchte frei von Angst vor dem Grauen leben, das die Menschen den Menschen bereiten. Ich will versuchen, frei von Überheblichkeit und frei von Unterwürfigkeit mein Leben nach dem von mir gewählten Leitbild selbst zu gestalten und mich niemals gegen die Stimme meines Gewissens als seelenloses Material mißbrauchen zu lassen. Ich weiß, daß die Erde kein vollkommenes Paradies sein kann, aber ich möchte gern dazu beitragen, das Verbrechen zu mindern und das Heilsame zu mehren. Arnold Krieger

...

Ausdrücke und Redewendungen

wir nehmen Stellung zu etwas   we declare our position on something
einer Konfession angehören   to belong to a religion
einer Partei nahestehen   to be affiliated with a party
in zweifacher Hinsicht   in two respects
wir sind uns einig   we are in agreement

6 Proteste und Manifeste

einem Appell zustimmen   to support an appeal
welcher Art auch immer   of any kind whatsoever
für etwas eintreten   to stand / speak up for something
jemandem (*Dat.*) **etwas bereiten**   to inflict something on someone
sich mißbrauchen lassen   to let oneself be abused
ich möchte dazu beitragen   I want to contribute to

Übungen

A **Zum Inhalt.** Erklärt sich das Frauenmanifest *für* oder *gegen* . . .

1. . . . die Göttinger Erklärung der Physiker.
2. . . . die Ideen Albert Schweitzers.
3. . . . Gleichheit der politischen Ansichten.
4. . . . die Atomaufrüstung.
5. . . . die politische Drohung mit Atomwaffen.
6. . . . militärische Machtauseinandersetzungen.
7. . . . Gewissensentscheidungen.
8. . . . die Verharmlosung atomarer Waffen.
9. . . . die Bedrohung des Lebens.
10. . . . die Bereitschaft, für politische Prinzipien einzutreten.

B **Zum Inhalt.** Verbinden Sie die deutschen Sätze mit der richtigen englischen Übersetzung:

1. Es ist mein Wunsch, mich frei unter freien Menschen bewegen zu dürfen.
2. Ich möchte frei von Angst vor dem Grauen leben, das die Menschen den Menschen bereiten.
3. Ich will mich niemals gegen die Stimme meines Gewissens als seelenloses Material mißbrauchen lassen.
4. Ich weiß, daß die Erde kein vollkommenes Paradies sein kann.
5. Ich möchte gern dazu beitragen, das Verbrechen zu mindern und das Heilsame zu mehren.
6. Ich will versuchen, frei von Überheblichkeit und frei von Unterwürfigkeit zu sein.

a. I would like to contribute to the decrease of the criminal and the increase of the wholesome.
b. I want never to let myself be abused, against the voice of my conscience, as a soulless object.
c. It is my wish to move freely among free beings.
d. I know that earth cannot be a perfect paradise.
e. I want to try to be free of arrogance and free of servility.
f. I want to live free from fear of the horrors that humans inflict on humans.

C **Zum Inhalt.** Kriegers „Kleine Magna Charta" besteht aus genau vier Sätzen. Beschreiben Sie—ebenfalls in vier Sätzen—wie Ihrer Meinung nach eine bessere zukünftige Welt aussieht.

D **Zum Inhalt.** Woran denken Sie—oder was könnte Krieger im Sinn gehabt haben—bei den folgenden Worten.

„das Grauen, das die Menschen den Menschen bereiten"
„Überheblichkeit und Unterwürfigkeit"
„einen Menschen als seelenloses Material zu mißbrauchen"
„das Heilsame mehren"
„das Leben nach dem von mir gewählten Leitbild selbst zu gestalten"

Versuchen Sie, an konkrete Beispiele zu denken, die das humanistische Denken Kriegers geprägt haben könnten.

E **Gruppenarbeit.** Was nutzt schon ein Manifest? Debattieren Sie! Teilen Sie sich in zwei Gruppen. Verteidigen Sie jeweils eine der folgenden Positionen:

1	2
Ein Manifest zu schreiben, bringt überhaupt nichts. Es wird gedruckt und vergessen. Die Leute haben sowieso ihre eigene Meinung. Und Politiker machen ohnehin, was sie wollen.	Es ist wichtig, Manifeste zu schreiben. Erstens muß man sich selber im klaren sein, was man will. Zweitens muß man bereit sein, es öffentlich zu sagen. Manifeste verbreiten dann die Ideen. Andere, die sie lesen, werden von den Ideen beeinflußt.

„Dame am Steuer"

Was meinen Sie? Fragen zur Diskussion

1. Fahren Sie gern Auto? Wie wird man ein guter Autofahrer oder eine gute Autofahrerin? Geben Sie fünf Punkte.
2. Sind Sie mit Ihrem Leben zufrieden?
3. Möchten Sie Teile Ihres Lebens ändern?

Dame am Steuer

Gertrud Fussenegger

Gertrud Fussenegger, geboren 1912, zählt zu den bekanntesten österreichischen Schriftstellerinnen des 20. Jahrhunderts. Sie studierte Deutsch, Geschichte, Kunstgeschichte und Philosophie und promovierte zum Dr. phil. Sie lebt heute

6 Proteste und Manifeste

in der Nähe von Linz. Ihre Romane und Erzählungen behandeln neben historischen Themen allgemeine menschliche Fragen. Fussenegger schrieb auch Lyrik, Essays, Hörspiele und Dramen. Die Geschichte „Dame am Steuer" handelt von einer Frau, Barbara, die mit ihrer Ehe unzufrieden ist. Ihr Mann versteht sie nicht. Sie spürt, daß sie ihr Leben ändern will und sie fährt nachts zu schnell auf einer engen Straße.

Es ist ja nicht wahr, was Fedja immer sagt, ich habe den Teufel im Leib, sobald ich am Volant° sitze. Zugegeben,° ich fahre rasch, rasch, aber sauber.° Kann man denn sauber fahren, wenn man rasch fährt?

Der Abend — aufgeklart° nach Regen. Im Westen, fern, der blaßgelbe Schein,° der Himmel reingefegt° und kalt wie aus Jade. Die Stadt sinkt unter der Rampe weg. Wie kühn die Straße steigt, Kurve um Kurve. Da unten in dem Lichtgesprenkel° blinkt auch Fedjas Haus und das meine. Er sitzt daheim und liest, liest und denkt nach und schweigt, die Uhr tickt, ihre Zeiger kriechen,° von Zeit zu Zeit stäubt Fedja seine Zigarette ab° und die Asche häuft sich in der Schale.

Da — im Rückspiegel,° was ist das? großer breitgedrückter° bronzebrauner Ball — ah, der Mond! geht dort im Osten auf, schweres glosendes Licht,° Mond im September. Man nennt ihn Jägermond,° wohl weil September die Zeit der Jäger ist, Halali¹ über Heide und Felder, die Büchse° knallt und das Wild° birgt sich° zitternd° im Busch.

Was willst du, altes Gestirn,° dein Schein ist nichtig,° nichtig geworden in unseren Nächten, die hell sind von anderen und so viel stärkeren Lichtern. Bist nicht mehr fern wie einst, unerreichbar,° alter Mond der Liebenden, Freund der seufzenden° Dichter.² Das Geschoß° hat dich getroffen, eine Wunde deiner eisigen Haut geschlagen, deiner narbigen Kraterhaut.° Erst gestern hab ich mit Fedja darüber geredet, und Fedja sagte: Wozu das alles? Ich verstehe die Menschen nicht. — Und ich darauf: Fedja, verstehst du denn auch nur mich? — Da machte er die Augen schmal° und schaute mich lange an und sagte endlich: Nicht immer, Barbara, verstehe ich dich.

Nicht immer? Nie verstehst du mich, Fedja; am wenigsten, wenn ich abends wegfahre ohne Ziel und Zweck, fahre wie jetzt, nur um den Wagen zu steuern,° um nicht mit dir im Zimmer zu sitzen, wo die Uhr tickt, wo sich die Schale° mit Asche füllt, wo dein Schweigen die Wände anschweigt, daß sie näher rücken,° immer näher, bis mir ist, als würden sie mich erdrücken.°

Da muß ich fahren, Fedja. An Ausreden° fehlt es mir nicht, wenn du sie mir auch nicht mehr glaubst, diese armseligen Lügen. Auch heute belog ich dich: Ich wollte Ruth besuchen, meine Schwester, die krank ist. Ja, krank ist sie; trotzdem besuch ich sie nicht, und du weißt es, weißt, daß ich Ruth nicht mag, daß ich im Grunde niemand mag, nicht einmal — dich.

Ah, Ortschaft!° Aufgepaßt! Hier wird die Straße eng, verdammt!° wie ich die Engen° doch hasse, vollgestopft° mit Radfahrern, Fußgängern, Kindern und Hunden. Finster und ungeschlacht° biegt ein Fuhrwerk° ums Eck,° Ackergäule,° ein Fuder Heu° — sollte verboten sein auf einer Straße wie dieser!

Mein guter Wagen, hab Geduld, mein guter schöner Wagen, nur Geduld, gleich sind wir draußen, gleich bist du wieder frei. Da — endlich: *open drive*. Häuser und Menschen bleiben zurück, die Straße stürzt° uns entgegen und der Wind, der süße sausende Ton,° der an den Scheiben° zerblättert.° Schneller! Schneller! Der weiße Streifen rennt uns voraus, die roten Zwinkeraugen° an den Randsteinkappen,° schnel-

---

Marginal glosses:

steering wheel / admittedly
well
cleared
blaßgelbe... pale yellow light / swept clean
slides away
speckles of light
crawl
stäubt...ab flicks the ash off his cigarette
rearview mirror / flat looking
schweres... dull gleaming light
hunter's moon
gun / game (wild animals) / birgt ...hides / trembling
planet / futile

out of reach
sighing / rocket
narbigen... skin scarred with craters

narrow

steer
bowl, dish
näher... close in
smother
excuses

village / damn!
narrow roads / congested
ponderous / horse-drawn vehicle / biegt ums Eck turns around the corner / plow horses
Fuder... cartload of hay
tumbles
sighing / windshield / disintegrates
reflectors / curbstones

Alternativen

ler, schneller fliegen Signale vorbei: Kreuzung, Kurve, Gefälle.° Immer rufen die Tafeln: Gefahr! Gefahr! Wer möchte denn fahren ohne Gefährdung?°

Was uns entgegenkommt: weggezischt wie ein spukhaftes Bild.° Was vorne ist: eingeholt,° überholt, ausgelöscht° ins Irgendwo-hinter-uns. (Soll keiner glauben, er fahre schneller als ich, soll keiner glauben: nur eine Dame am Steuer!) Wärest du jetzt neben mir, Fedja, du fingest zu wettern° an: Bist du verrückt? — Über Hundert! — Aber du bist nicht da, sitzest daheim in der Stube,° blätterst° in deinen Büchern, spinnst° an Erinnerungen oder an Plänen für später. Plan und Erinnerung, ein und dasselbe Netz, das uns das Leben einfangen soll, Leben, wie du es meinst. Immer und Einerlei.° Aber ich will es nicht, dieses gefangene Leben. Ich will das Jetzt und Hier, dieses Hier, das schon Dort ist, *open drive* soweit der Scheinwerfer° reicht, Halali auf der Straße, Jagd und Beute. Was ist die Beute einer solchen Nacht?

Früher jagten die Jäger zu Pferd. Die Büchse knallte: ein Knäuel Pelz° und zuckendes° Fleisch, verglaste° Augen, milchig° und blicklos,° nachher die dampfende Mahlzeit, und das war alles. Heute jagt man zu Wagen. Die Beute: Schein und Chimäre, Ritt auf dem Rücken des Lichts, weißen Scheinwerferkegels,° ins Rußschwarz° der Nacht geschleudert, weißer Kahlschlag° des Lichts quer durch die Finsternis. Fließband° der Landschaft, Wald und Fels wie Kulissen,° spulen heran und vorbei,° Brücken, Mauern, Geländer° — irgendwo brüllt ein Gießbach,° irgendwo tobt ein Abgrund,° aus phantomhafter Schlucht weht eine Wasserfahne, farblos stiebender Schaum.°

Alle Dinge entwest° zu farblos stiebendem Schaum.

Ja, es ist wahr, was Fedja einmal mir sagte: Liebe ist nicht in dir, nur die Gier° nach dem Nichts.

Ja, es ist wahr, ist wahr. — Aber was ist dieses Nichts?

Hat es nicht auch ein Gesicht? Unser eignes Gesicht? Nein. Es ist anders und fremd, unerreichbar und schön.

Neulich — wie war das doch — auf einer Fahrt wie dieser, oder träumte ich sie? Ja, ich träumte sie nur, diese Fahrt ins Gebirge und, wie Träume schon sind: alles war groß und phantastisch, riesig die Landschaft, riesig die Nacht, und die Straße, immer hinauf, hinauf, endlos, spiralig, schwindelnde° Viadukte übereinander getürmt.° Vor mir ein blauer Wagen. Marke?° Mir unbekannt. Aus einem fremden Land wohl, Fremdling auf meiner Straße, immer vor mir, schneller und immer noch schneller, unüberholbar,° wie ich mich auch beeile. Sollte er mir entfliehen? Nein, ich will ihn erreichen. Angst, daß er mir entschwinde,° Angst, weil die Straße so schmal wird, immer engere Kreise zieht sie auf immer engeren Kurven, und der Fremdling — kein Wagen — öffnet die silbernen Flügel, lächelt aus blauem Visier° . . .

Da ist die Straße verschwunden — Bodenloses° verschlingt mich.

Über den Straßenrand führt eine Reifenspur,° und ein junger Mann, der von der Arbeit heimfährt, spät, auf dem Rad, hat sie entdeckt und gemeldet.°

Am nächsten Morgen eine Notiz in der Zeitung: Der tägliche Tod auf der Straße und so weiter.

Immer so weiter unter dem Jägermond.

. . .

Übrigens . . .

1. **Halali** (French origin) is the traditional hunters' greeting ("tally-ho"). **Halali blasen** is the ritual fanfare after a successful hunt.

Marginal glosses:

- *steep grades*
- *risk*
- **weggezischt** . . . *swishing past like a ghostly apparition*
- *caught up with / obliterated*
- *curse*
- *room / leafing*
- *musing*
- **Immer** . . . *One and the same*
- *headlight*
- *catch*
- **Knäuel** . . . *ball of fur*
- *quivering / glazed, glassy / milky / sightless*
- *headlight beam / soot black*
- *clearing*
- *conveyor belt / backdrops /* **spulen** . . . *come reeling toward us and past*
- *railings / mountain torrent / roars*
- *abyss*
- **aus** . . . *out of some ghastly canyon a trail of water is blown, a colorless spray of foam*
- *dissolve*
- *yearning*
- *giddy, dizzying /* **übereinander** . . . *towering one over the other*
- *make, model*
- *going too fast to be overtaken*
- *eludes*
- *visor*
- *bottomless space*
- *tire mark*
- *reported*

2. The moon is one of the most important symbols in Romantic poetry. See some of the poems presented earlier in this chapter.

Ausdrücke und Redewendungen

den Teufel im Leib haben   to be possessed by the devil
wozu das alles?   why are we doing all this?
es fehlt nicht an etwas   there is no lack of something
ein und dasselbe   always the same
das Jetzt und Hier   the here and now
immer so weiter   one after another

Übungen

A **Zum Inhalt.** Beantworten Sie die folgenden Fragen.

1. Zu welcher Tageszeit geschieht die Geschichte? Woher wissen Sie das?
2. Wie heißt die Dame am Steuer? Wie heißt ihr Mann?
3. Was macht sie? Wo fährt sie hin? Woran denkt sie?
4. Wer ist bei ihr?
5. Was erfährt man über die Beziehung zwischen Barbara und Fedja?
6. Barbara mußte eine Lüge erzählen, um aus dem Haus zu kommen. Welche Lüge?
7. Wie fühlt sich Barbara in ihrem jetzigen Leben?
8. Wie endet die Autofahrt?

B **Schriftliche Arbeit.** Erzählen Sie die Geschichte aus der Perpektive von Fedja. Nennen Sie Ihre Arbeit „Mann im Sessel." Bedenken Sie:

1. seine langen Abende allein
2. Barbaras Persönlichkeit und ihre Lügen
3. seine wachsende Sorge, wenn seine Frau nicht wiederkommt

7

Die Welt der Arbeit

...

Drei Perspektiven

7   Die Welt der Arbeit

„Frauen als Leiter"

Was meinen Sie? Fragen zur Diskussion

1. Ist Gleichberechtigung am Arbeitsplatz Realität oder ein Wunschtraum?
2. Sollen Frauen bei allen Arbeiten gleichberechtigt sein? Warum / Warum nicht?
3. Sind Frauen bessere Leiter am Arbeitsplatz als Männer?

Frauen als Leiter

Heute gibt es bei Frauen nicht mehr den für die Nachkriegsgeneration noch typischen Nachholbedarf[1] in Bildung und Ausbildung.[2] Über 90 Prozent aller Schüler schließen die zehnklassige allgemeinbildende Oberschule,° die Pflichtschule° in der DDR, ab und beginnen danach eine Berufsausbildung, die ebenso kostenlos ist wie Oberschule und Studium. Das gilt für Mädchen wie für Jungen. Jeder erhält eine Lehrstelle, wenn es auch nicht immer der „Traumberuf"° sein kann, und jedem ist nach abgeschlossener Lehre bzw. Studium ein Arbeitsplatz entsprechend seiner Qualifikation sicher.

Für die meisten Frauen der DDR ist Berufstätigkeit° zu einem Bedürfnis° geworden. Erfolg im Beruf, die Möglichkeit, Bildung anwenden und erweitern zu können, gehören heute für sie zu einem sinnvollen, glücklichen Leben. Dieser Entwicklungsstand° ist eine gewaltige gesellschaftliche Leistung, das Ergebnis einer langjährigen, systematischen Frauenpolitik.° Diese Politik stärkt das Selbstvertrauen° der Frauen, macht ihnen Mut und gibt ihnen die Möglichkeit, das zu werden, was sie selbst wollen.

Die Mechanikerin Bärbel Herzberg (24 Jahre) aus dem Werk für Signal- und Sicherungstechnik in Berlin[3] beispielsweise will sich bewähren° bei der Anleitung° eines Arbeitskollektivs° von Jugendlichen. Sie sieht das ganz bewußt° als Vorbereitung auf die nächsten Ziele, die sie sich gestellt hat. Heute ist sie Einrichterin,° in zwei Jahren will sie Meister sein.

Ina Sander ist 21 Jahre alt und jungverheiratet. Sie war eine der besten Studenten ihres Studienjahres und bereitet jetzt als Praktikantin° im Volkseigenen Betrieb Thüringer Obertrikotagen Apolda[4] ihre Abschlußarbeit vor, die ganz auf ihre künftigen Aufgaben zugeschnitten ist. In zwei Jahren soll und will Ina Sander Produktionsleiter sein.

Die 32jährige Katja Breuel, verheiratet, Mutter von zwei Söhnen, arbeitet als Ärztin an der Kinderklinik der Wilhelm Pieck-Universität Rostock.[5] In sie, die sowohl ihr Staatsexamen° als auch ihre Diplomarbeit° mit „sehr gut" bestan-

high school / obligatory school

dream job

employment
need

point of development

feminist policy

self-confidence

prove herself / guidance
work collective
consciously

tool setter

apprentice

state examination
thesis

den hatte, setzt die Leitung hohe Erwartungen. In einem Jahr will Katja Breuel ihre Facharztprüfung und ihre Promotion° abschließen. Als Frau Dr. med.° wird sie dann selbständig eine Station° der Kinderklinik leiten.

Wie ernsthaft das gesellschaftliche Interesse an der gezielten° Förderung° qualifizierter Frauen ist, zeigen die Bemühungen im Bereich der Leichtindustrie.° In den Betrieben dieses Industriezweiges° sind über 70 Prozent aller Mitarbeiter Frauen. 50 Prozent aller dort tätigen Hoch- und Fachschulabsolventen° sind weiblich. Betrachtet man alle vorhandenen° leitenden Funktionen,° so werden sie zur knappen Hälfte von Frauen eingenommen. In den höheren Leitungsfunktionen ist der Frauenanteil jedoch gering. Um hier eine Veränderung herbeizuführen, hat man sich vorgenommen, bis 1990 rund 1 000 Frauen für leitende Positionen zu qualifizieren. Dabei soll das Augenmerk auf die Entwicklung und den Einsatz° von besonders befähigten Fachschulabsolventinnen gerichtet werden. Neben Förderungsverträgen° mit genauem Ablaufplan° stehen ihnen erfahrene Mitarbeiter als Mentoren° zur Seite, die vom zuständigen° Minister berufen° sind. Die jungen Frauen kennen bereits vor Beendigung des Studiums ihren Betrieb und wissen, welche Anforderungen an ihre spätere Funktion gestellt werden. Langfristig° können sie sich vorbereiten, Verantwortung zu übernehmen, die ihrem Können und Wissen entspricht.

Ein anderes Beispiel: An den Universitäten sind 49 Prozent der studierenden Mädchen, aber zur Zeit sind nur 7,5 Prozent aller Hochschullehrer° weiblich. Auch hier gibt es verstärkte° Bemühungen, um einen Umschwung° herbeizuführen. Spezielle Bedingungen werden Frauen, meist jungen Müttern, geboten, damit sie ohne Zeitverlust ihre Promotion abschließen können. An vielen Universitäten hat eine engere Zusammenarbeit zwischen der Frauenkommission der

Gewerkschaft, der Universitätsleitung und den Wissenschaftlerinnen zu guten Ergebnissen geführt. An der Rostocker Universität beispielsweise waren 1981 unter den neun berufenen Hochschullehrern zwei Frauen.

In diesem Zusammenhang sei folgendes gesagt: Niemand in der DDR hat die Absicht, Frauen in Leitungsfunktionen zu zwingen. Vielmehr geht es darum, bewußter als bisher, zielgerichtet° vorhandene° Fähigkeiten und Eignungen° zu entwickeln und zu fördern, die es bei Frauen ebenso gibt wie bei Männern. Der Entscheidung aber muß die Frau selbst treffen.

deliberately
existing / aptitudes

aus *Gleiche Chancen für Frauen? Eine Information aus der DDR.* Panorama DDR, Berlin, 1982, S. 27–29.

...

Übrigens . . .

1. The need to make up for lost time, to catch up with the rest of the world. This expressive term of the postwar period signifies the pent-up demand for both material and intellectual goods that could not be satisfied during the Nazi years.
2. In view of German unification and the recent changes in both Germanies, some information in this text must be seen in a historical perspective. Most of the facts, however, pertain to all German-speaking countries.
3. A big company located in Berlin that manufactures heavy industrial machinery.
4. Apolda is an industrial city in Thuringia. This formerly state-owned company specializes in textile products, a common industry in the area.
5. This university is located on the Baltic Sea in Rostock, a large industrial city that used to belong to the Hanseatic League, a trade organization and political confederation of German cities during the middle ages. Its university used to be named after the first president of the GDR.

Ausdrücke und Redewendungen

bzw. = beziehungsweise   respectively
beispielsweise   for example
auf etwas (*Akk.*) **zugeschnitten sein**   to be oriented toward something
in jemanden (oder etwas) (*Akk.*) **hohe Erwartungen setzen**   to have high expectations for someone (or something)
eine Veränderung herbeiführen   to cause a change
das Augenmerk richten auf (*+Akk.*)   to pay attention to, focus on
Anforderungen stellen   to make demands
Verantwortung übernehmen (für)   to take responsibility (for)
folgendes sei gesagt   the following should be said
es geht darum   the purpose is

Übungen

A **Zum Inhalt.** Richtig oder falsch: wenn falsch, warum?

1. Die Berufsausbildung beginnt nach dem Abschluß der Oberschule.
2. Das Universitätsstudium ist sehr teuer.

3. Die meisten Frauen sind aber sowieso nicht an Berufstätigkeit interessiert.
4. Die Mechanikerin Bärbel Herzberg will bei einem Arbeitskollektiv arbeiten.
5. Katja Breuel will selbständig eine Kinderklinik leiten.
6. Über 70 Prozent aller Arbeiter sind Frauen.
7. In den höheren Leitungsfunktionen will man nicht unbedingt mehr Frauen haben.
8. Bis 1990 sollten etwa tausend Frauen hierfür ausgebildet sein.
9. Der Prozentsatz von Studentinnen und Professorinnen ist ungefähr gleich.
10. Der Staat entscheidet, welche Frauen in leitende Positionen kommen.

B **Zum Inhalt.** Zum Vergleich: Stellen Sie zwei Listen auf:

Das tat man in der ehemaligen DDR, um gleiche Chancen für Frauen zu schaffen:

1. _____
2. _____
3. _____
4. _____
5. _____

Das tut man in den Vereinigten Staaten, um gleiche Chancen für Frauen zu schaffen:

1. _____
2. _____
3. _____
4. _____
5. _____

C **Gruppenarbeit.** Diskussionsthema:

In der früheren DDR verfolgte der Staat einen gezielten Plan, um Frauen in leitende Positionen zu bringen. In den USA haben Frauen im Laufe der letzten Jahrzehnte sich selber einen Platz in der Leitung von vielen Geschäften erkämpft. Welches System finden Sie besser?

D **Gruppenarbeit.** Zur Debatte:

Glauben Sie, daß man bei irgendwelchen Berufen Frauen *nicht* beteiligen sollte? Bei der Armee etwa, oder bei schwerer körperlicher Arbeit? Machen Sie eine Liste aller solchen Berufe, die von der ganzen Klasse genannt werden.

Teilen Sie sich dann in zwei Gruppen zur „Debatte": eine Gruppe ist dafür, bei den genannten Berufen Frauen auszuschließen, und muß das auch begründen. Die zweite Gruppe vertritt den Standpunkt, daß man Frauen niemals und nirgendwo ausschließen darf.

7 Die Welt der Arbeit

„Schichtwechsel"

Was meinen Sie? Fragen zur Diskussion

1. Was wissen Sie über die Arbeit in einer Fabrik?
2. Warum ist die Pause so wichtig bei jeder Arbeit?
3. Möchten Sie in einer Fabrik arbeiten? Wenn ja, was würden Sie gern tun? Wenn nein, warum nicht?

Schichtwechsel

Angelika Mechtel

Angelika Mechtel, geboren 1943 in Dresden, ist eine der bedeutendsten lebenden Schriftstellerinnen Deutschlands. Sie hat Romane, Gedichte, Kurzgeschichten, Jugendbücher und Reportagen geschrieben. Unter anderem wurde sie bekannt für ihre Dokumentationen „Alte Schriftsteller in der Bundesrepublik" und „Frauen und Mütter von Strafgefangenen berichten". Mechtel ist eine sozial and politisch engagierte Autorin, die immer wieder für den Außenseiter und für den Aussteiger Partei ergreift. Diese kurze Skizze behandelt—wie viele ihrer Texte—das Thema Arbeitswelt: sie zeigt 15 Minuten aus dem Leben einer Fabrikarbeiterin.

surge	Die Tür muß Lisa mit der Hand zudrücken, hinter sich den Schwall° steifer Morgenluft. Sie hängt den Mantel, der dunkel ist, nach Winter riecht, an den Ständer. Setzt sich an den runden Tisch daneben. Der
counter	Mann steht hinter der Theke,° holt eine Tasse vom Regal. Öffnet den Hahn der Kaffeemaschine und läßt das harte Porzellan vollaufen, nimmt die Tasse
palm / index finger	auf die rechte Handfläche,° das Milchkännchen zwischen Daumen und Zeigefinger° der Linken, bringt beides zu Lisa.
change of shifts	Gegenüber steigt die Sirene. In der Schokoladenfabrik ist Schichtwechsel.° In einer Viertelstunde kommen die nächsten dran.
moisture	Draußen liegen noch Schneereste. Vor den Fenstern hängt noch Feuchtigkeit° im Wind. Die Fabrik aber arbeitet für Ostern: Hasen, Eier, Pralinen, alles, was dazugehört. Lisa muß aussortieren. Den Bruch° beiseite schieben. In einer Viertelstunde am
breakage	
conveyor belt	Fließband.°
bar	Die Tür wird aufgestoßen. Der Schankraum,° niedrig, und die Tische niedrig und
stained	rund und dunkel gebeizt,° füllt sich mit denen von der beendeten Schicht. Lisa setzt ihre Lippen an das Porzellan, das warm ist vom Kaffee. Hebt mit beiden Händen die Tasse fingerbreit an. Zieht zwei Schluck über die Zunge in den Hals. Warm und stark der Kaffee. Herb ohne Milch und Zucker. Warm der Raum, voll Schokoladengeruch jetzt, wo so viele hereingekommen sind.

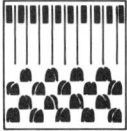

Drei Perspektiven

heavy-set	Die Frau setzt sich zu Lisa. Breit und behäbig.° Rotblond der Kopf und die Haut.
crackling	„Gehörst du auch zur Fabrik"? fragt sie, die Stimme wie aufstoßendes° Aluminium.
	„Ja", sagt Lisa, „in einer Viertelstunde." Die andere holt ein Päckchen aus der rinds-
cowhide / crumples	ledernen° Tasche. Wickelt das Brot aus. Knüllt° das fettige Papier zusammen, legt
	es neben sich auf den Tisch. Ihre Zähne sind kräftig. Graben° sich in das Brot. „Für
dig into	heute hab ich's hinter mir", sagt sie, „bin froh. Zu Hause leg' ich mich erstmal
aufs Ohr legen ... hit the sack	aufs Ohr."°
	Lisa sieht rote Würste zwischen den zwei Brothälften. Sieht das Aufeinander-
grinding / jaws / tough	mahlen° der beiden Kiefer,° gleichmäßig zäh.° „Hast du auch Kinder?" fragt die an-
	dere, den Mund noch nicht leer. „Vier Stück", sagt Lisa. „Vier Stück?", die andere
	lacht, „wie hast du denn das gemacht? Du bist doch noch keine dreißig?" „Ich hab
	früh geheiratet." „Und der Mann verdient wohl nicht genug? Ja, vier wollen ernährt°
fed	sein." „Die Arbeit ist schwer", sagt Lisa, „ich tu's für die Kinder." Die andere beißt
	ins Brot, „ich hab' es auch gemacht. Jetzt sind alle groß. Ich arbeite trotzdem. Zwan-
	zig Jahre sind's bald. Zwanzig Jahre Tag für Tag Schokolade."
	Lisa nickt. Trinkt ihren Kaffee. „Ich steh' am Fließband. Bruch aussortieren," sagt
drained of color	sie. Ihr Gesicht ist schmal, vom Winter gebleicht° die Haut. Eng die Augen. Nicht
shock of hair	hoch die Stirn unterm braunen Haarschopf,° der bis in den Nacken hängt. „Ich ar-
others	beite seit drei Jahren", sagt sie, „seit die Älteste groß genug ist, auf die übrigen°
look after	achtzugeben.° Ich tu's nur für die Kinder." Die andere schiebt mit zwei Fingern die
breadcrust	letzte Brotrinde° in den Mund. Schließt die Lippen davor. Kaut den Bissen klein. „Ich
decorations	mach' die Arbeit gern", sagt sie, „jetzt spritz ich Verzierungen° auf Pralinen. Für
	mich fällt immer was ab dabei." Lisa lacht. Ihr Lachen springt laut von den Lippen:
	„Ich mag keine Schokolade mehr, ich tu's nur für die Kinder." Auf dem zusammen-
unexpectedly	geknüllten Butterbrotpapier sitzt unvermutet° eine Fliege. Noch jung die Fliege. In
hatched	der Wärme des Schankraums ausgeschlüpft.° Zu früh. Sie stößt gegen das Papier,
crumbs	sucht Brösel.° Putzt sich mit beiden Vorderbeinen. Sitzt still. Mager noch und warm
disappeared / dimness	und ohne Staub. Dann fliegt sie hoch. Untergetaucht° im Dämmer° des kleinfen-
	strigen Raums. „Nur für die Kinder", sagt die Rotblonde und lacht, „ich glaub', du

Die Arbeit ist schwer, ich tu's für die Kinder

7 Die Welt der Arbeit

tabletop

mußt jetzt 'rüber." Lisa nickt. Die Fliege sitzt nun auf dem Tassenrand. Lisa hebt die Tasse den letzten Schluck zu nehmen. Die Fliege fliegt auf die blaue Tischplatte.° Langsam zieht Lisa den linken Arm hoch. Schlägt mit der flachen Hand die Fliege tot.

・・・

Ausdrücke und Redewendungen

jemand kommt dran   it is someone's turn
etwas hinter sich (*Dat.*) **haben**   to have something over with
sich aufs Ohr legen   to hit the sack
jemand ist keine dreißig   someone is not yet thirty
etwas fällt immer ab   there's always some left over—that is, there's always something in it for me

Übungen

A **Zum Inhalt.** Erzählen Sie die Geschichte in Lisas Worten nach. Mögliche Satzanfänge wären zum Beispiel:

Heute als ich zur Arbeit ging . . .

Ich hatte noch Zeit, um in dem Schankraum . . .

Eine Kollegin hat sich zu mir gesetzt. Sie war . . .

Sie hat mir erzählt . . .

Wir haben ein bißchen über die Arbeit geredet. Die Arbeit ist . . .

Und da passierte mir was Komisches. Eine Fliege . . .

B **Zum Inhalt.** Was stimmt?

1. Die Geschichte spielt in
    a. einer Fabrik.
    b. einem Bonbonladen.
    c. einem Restaurant.

2. Zwischen Anfang und Ende der Geschichte vergehen
    a. zwanzig Minuten.
    b. eine Viertelstunde.
    c. fünf Minuten.

3. Lisas Haare sind
    a. gebleicht.
    b. rotblond.
    c. sehr kurz.
    d. braun.

4. Lisa macht die Arbeit,
    a. weil sie ihr Spaß macht.
    b. weil für sie immer etwas Schokolade abfällt.
    c. weil sie Kinder hat.

5. Lisa findet die ältere Kollegin
   a. ganz lustig.
   b. blöd.
   c. das wird nicht genau gesagt.

6. Lisa schlägt schließlich
   a. mit ihrer Faust auf den Tisch.
   b. ihre Kaffeetasse in Stücke.
   c. die Fliege tot.

C **Zur Diskussion.** Mit welchen Adjektiven können Sie die Person der Lisa beschreiben? Glücklich / unglücklich? Energisch / passiv? Resigniert? Nett? Nicht nett? Welchen Gesamteindruck bekommt der Leser von ihr?

D **Schriftliche Arbeit.** Aufsatzthema:

Beantworten Sie auf einer halben Seite die folgenden Fragen: (1) Was sagt Lisa dreimal? (2) Warum heißt es über die Fliege, sie sei „zu früh ausgeschlüpft"? Woran soll man dabei denken? (3) Wie ändert sich Lisa in den Augen des Lesers, wenn man den letzten Satz liest? Hat das Töten der Fliege eine größere Bedeutung?

E **Wie reagieren Sie?** Have you ever had a job you hated—that made you feel alienated—that seemed a senseless waste of your time? Describe your experience to the class, including your feelings and/or any events that particularly stand out in your mind. Use the following (or other) expressions:

die Arbeit	die Kollegen	alle
schwer	un(freundlich)	(un)zufrieden
langweilig	faul	(un)glücklich
nicht produktiv	fleißig	(nicht) genug verdienen

„Die Schienenleger"

Was meinen Sie? Fragen zur Diskussion

1. Würden Sie gern draußen im Freien arbeiten?
2. Viele Menschen auf der Welt leisten schwere Arbeit. Warum ist das auch heute noch notwendig?
3. Wenn man eine Arbeit tut, ist es wichtig, daß man Resultate sehen kann? Warum?

Die Schienenleger
Axel Schulze

Axel Schulze, geboren 1943, schreibt vor allem Naturgedichte. Sein erster Gedichtband erschien 1967. Seine Themen sind einfach: Regen, Sonne, See und Strand, das einfache und ländliche Leben. Andere Gedichte berichten über Politik oder aus der Arbeitswelt, wie der hier abgedruckte Text. Schulze lebt als Schriftsteller in Potsdam.

Drei Perspektiven

	1
tracks / souls	die Schienen° wie Seelen° zwischen Basalt
thighs / rust	an ihren Schenkeln° reibt sich der Rost°
	2
sweat / armpit	aber ich spreche vom Schweiß° unter der Achsel°
tin flasks	von den Blechflaschen° aus denen sie Wasser trinken
aluminum foil / crackles	mittags wo die Sonne wie Stanniol° knistert°
flee / coolness / toolcar	und sie flüchten° in die Frische° des Gerätewagens°
	3
	feucht vom Bier ist der Tisch
bend	hier beugen° sie ihren nassen Nacken
cozily	hier brechen sie behaglich° das Brot
	4
quarry	vielleicht schlafen sie noch auf dem Grunde des Steinbruchs°
	vielleicht knicken sie noch eine Blume aus Stroh
	5
broth / sulfurous	ihre Tage im Sud° des schwefligen° Lichts
	harte Tage die die Schultern verbrennen
	und die heiße Haut von den Händen reißen
gravel / crack	harte Tage in denen die Kiesel° zerspringen°
hemorrhage	und der Abend wie ein Blutsturz° den Himmel färbt
	6
divides	der Pfiff der Lokomotive teilt° ihre Stunden
beat-up	der Atem bewegt ihre geschundenen° Rippen
pickax	sie heben die Hacke° zwischen Asche und Schweiß
	7
	ich habe ihre Hemden gesehen
	ich habe ihre saure Suppe gegessen
	ich habe mit ihnen auf Regen gewartet
	8
	sie lassen am Morgen frisches Wasser
	über ihr Gesicht laufen
	und sie fühlen noch den Schlaf
coarse	wenn sie am Mittag körniges° Brot
	aus dem Papier wickeln
	schwer sind ihre Hände am Abend
	9
	durch Staub gehen die heimwärts
buttonhole	eine Kartoffelblume im Knopfloch°
iris	eine Schwertlilie° im Trinkbecher

...

7   Die Welt der Arbeit

Übungen

A **Zum Inhalt.** Beantworten Sie die folgenden Fragen.

1. Woher kennt der Autor das Leben der Schienenleger?
2. Findet er dieses Leben gut oder schlecht?
3. Trotz der harten Arbeit scheinen die Schienenleger das Leben zu genießen. Welche Zeilen des Gedichts drücken das besonders aus?
4. Warum endet das Gedicht mit dem Bild der Blumen?
5. Finden Sie, daß die 9. Strophe zu dem Rest paßt?

B **Zum Inhalt.** Suchen Sie alle Wörter des Gedichts, die in diese Kategorien fallen:

WASSER	ESSEN	NATUR	MASCHINEN / EISENBAHN
Schweiß			
Wasser trinken			
Bier			
naß			
usw.			

8

Musik und Literatur als Hobbies

•••

Goethe und Schubert

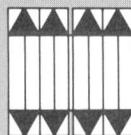

8 Musik und Literatur als Hobbies

„Goethe und seine Zeit"

Was meinen Sie? Fragen zur Diskussion

1. Was wissen Sie über die Zeit Goethes (1749–1832) in Deutschland?
2. Warum ist es heute wichtig / nicht wichtig, Literatur aus dem 18. und 19. Jahrhundert zu lesen?
3. Welche englischen und amerikanischen Autoren aus den 18. und 19. Jahrhunderten kennen Sie? Welche liest man noch heute?

Goethe und seine Zeit

Ludwig Tieck

Ludwig Tieck, geboren 1773 in Berlin, war einer der Begründer der deutschen Romantik. Neben Shakespeare- und Cervantes-Übersetzungen schrieb er Dramen, Romane und Erzählungen. Sein Märchenspiel „Der gestiefelte Kater" (Puss 'n Boots) ist besonders bekannt geworden. Tieck starb 1853 in Berlin. In seinem Essay „Goethe und seine Zeit" sagt Tieck, daß Goethe nicht nur eine neue Literatur begründete, sondern daß er auch ein neues deutsches Nationalgefühl geschaffen hat.

Goethe war der wahrhafte deutsche Dichter, der sich nach langer Zeit nach Jahrhunderten wieder zeigte.

strange — Kein Land in Europa hat darin ein so sonderbares° und hartes Schicksal erlebt, daß nach dem glänzenden Zeitpunkt des dreizehnten und vierzehnten Jahrhunderts seine Dichtkunst so zerrissen, abgebrochen, wie vernichtet wurde und sich schwach, ungenügend° und später nur Fremdes nachahmend° wieder zum Leben und ihrer Bestimmung zurückfinden konnte.[1] Bald lateinisch, holländisch, französisch, spanisch — immer ungewiß,° immer ohne Bezug auf das Leben und die Gesinnungen,° mehr Rarität (höchstens Luxus) als Kraft und Fülle des Daseins, die sich behaglich° und freudig kundgibt,° um das Leben wieder zu erhöhen. Vaterland, Geschichte, deutsche Sitte,° Familien- wie Staatsleben war längst in unsern Gedichten erloschen.°

insufficient
imitating
uncertain
mentality
comfortable / articulates
mores, customs
extinguished

to be rejected — Inwiefern Deutschland, seine Eigentümlichkeit und Tüchtigkeit verschwunden war, ist eine andere und hier abzuweisende° Frage. Sowie Goethe nur die Augen auftat und sie andern wieder öffnete, war Deutschland unmittelbar auch da, und soviel herrliche Anlagen,° Trefflichkeit,° Gesinnung und Gemüt,° Herzlichkeit und Wahrheit, kurz, soviel eigentümliche Kennzeichen, die den Deutschen kundgeben und von allen Völkern so sicher absondern,° zeigten sich auf einmal, daß der Erweckte sich selbst anstaunte, in einem solchen Lande der Wunder, in einer solchen poetischen Gegenwart zu leben. Es ist kein Bild° mehr, daß ein Frühling mit un-

talents / aptitude / soul

set apart

image

Das Goethe-Haus in Weimar.

pushed
baffled
silly / shower of blossoms

completeness

sublimation

sensuous / nostalgic

arid / heath / old-Franconian
lovely
mortals
architecture

weakest

zähligen Blüten und Blumen aus allen Zweigen, Wäldern und Fluren drang° — und der trockne, alltägliche Kleinstädter verdutzt° dastand und seinen Gesinnungen nur in Zweifel und Tadel oder in Hoffnung, daß dieser törichte° Blütensegen° mit der Zeit abfallen würde, Luft machen konnte.

Denn nicht das Talent und die Vollendung° ist es allein, die Goethe, mit dem also nach meiner Einsicht die neue deutsche Poesie anhebt, charakterisiert, sondern die deutsche Gesinnung, die Verklärung° des Volks und Vaterlandes, das durch ihn gleichsam im Bewußtsein erst entstand und entdeckt wurde. Wer hatte vor ihm auf diese deutsche, naive, zarte, sinnliche° und wehmütige° Weise von der Liebe gesprochen? Wer hatte sich nur träumen lassen, daß man alte Erinnerungen, erloschene Verhältnisse so für die Phantasie beleben könne? Allenthalben, wo trockne Steine, dürre° Heide,° Langeweile und das traurige Altfränkische° gewesen waren, kamen Geister, hold° und freundlich, um den Menschen wieder zu dienen, sowie der Glaube an sie wieder bei den Sterblichen° eingekehrt war. Über Lebensverhältnisse, Religion, die Herrlichkeit unserer deutschen Baukunst,° über deutsche Natur ließen sich Lebensworte vernehmen. . . .

Unsere ganze Literatur hat durch Goethe, bis in die schwächsten° Autoren hinab, ihren Ton bekommen, denn er hat allen die Zunge gelöst.

. . .

Übrigens . . .

1. Like many of his contemporaries, Tieck had little respect for German art and literature prior to the age of Classicism—that is, the late 18th century. The revival of Renaissance and Baroque art, and an adequate appreciation of Enlightenment writers like Gotthold Ephraim Lessing (1729–1781), was achieved only in the 20th century. In a truly "Romantic" manner, Tieck overestimates the impact of Goethe, who certainly did not single-handedly cause the rebirth of German literature.

8 Musik und Literatur als Hobbies

Ausdrücke und Redewendungen

sich in etwas Luft machen to find an explanation in something
sich etwas träumen lassen to imagine something
die Zunge lösen to make someone talk

Übungen

A Zum Inhalt. Was paßt zu welchem Satz?

Liebe	Goethe
die Augen auftat	die deutsche Literatur
erloschen	Zunge

1. Der wahrhafte deutsche Dichter war, so meint Tieck, _____.
2. Von der _____ schrieb er naiv, zart und sinnlich.
3. Vaterland, Sitte und Familienleben sei, so meint Tieck, bis zu Goethes Zeit _____.
4. Deutschland war wahrhaftig, herrlich und voller Gemüt, so wie Goethe _____.
5. _____ bekam ihren Ton von diesem Dichter.
6. Goethe hat allen anderen Dichtern die _____ gelöst.

B Zur Diskussion.

1. Suchen Sie Tatsachen aus Goethes Zeit aus der europäischen und amerikanischen Geschichte. Welche von diesen Tatsachen halten Sie für besonders wichtig?
2. Welcher amerikanische Schriftsteller des 20. Jahrhunderts hat eine solche Wirkung wie Goethe auf Literatur gehabt? (Hemingway, Steinbeck oder andere?) Besprechen Sie diesen Schriftsteller. Warum war die Wirkung so groß? Welche geschichtlichen Faktoren spielten eine Rolle?

Goethe in Italien (Gemälde von Tischbein).
Ein klassischer Dichter in klassischer Landschaft

„Schubert-Lieder"

...

Was meinen Sie? Fragen zur Diskussion

1. Mögen Sie klassische Musik? Warum / warum nicht?
2. Zwei der folgenden Lieder sind Gedichte von Goethe. Was wissen Sie über Johann Wolfgang von Goethe?
3. Was wissen Sie über den Komponisten Franz Schubert (1797–1828)?

Schubert-Lieder: Wandrers Nachtlied

Johann Wolfgang von Goethe

Es gibt vielleicht keine bekannteren und schöneren Beispiele für die Verbindung von Musik und Literatur als Schuberts Lieder.[1] Insgesamt schrieb er 603 Lieder. Er vertonte zahlreiche Gedichte von Autoren wie Schiller, Goethe, Heinrich Heine, Matthias Claudius und Ludwig Uhland neben vielen unbekannteren. Schubert verstand es auf einmalige Weise, Wort und Ton zu verbinden. Beim Lesen eines Gedichts, das ihm gefiel, kam ihm fast automatisch eine Melodie in den Sinn. Hier lesen Sie drei der bekanntesten von Schubert vertonten Gedichte: zwei davon stammen von Goethe, eines von dem romantischen Dichter Wilhelm Müller.

mountain tops	Über allen Gipfeln°
	Ist Ruh,
tree tops	In allen Wipfeln°
	Spürest du
breath	Kaum einen Hauch°;
	Die Vögelein schweigen im Walde.
	Warte nur, balde
	Ruhest du auch.

...

Übrigens . . .

1. The romantic **Lied** is a highly developed art form, combining text, human voice, and piano solo as accompaniment. This **Kunstlied** form is different from the **Volkslied**.

8 Musik und Literatur als Hobbies

Heiden-Röslein
Johann Wolfgang von Goethe

Fr. Schubert, Op. 3. No 3.

61. Singstimme.

Lieblich. (♩ = 69.)

Sah ein Knab' ein Rös-lein steh'n, Rös-lein auf der Hei - den, war so jung und mor-gen-schön, lief er schnell, es nah' zu seh'n, sah's mit vie - len Freu - den. Rös-lein, Rös-lein, Rös-lein roth, Rös-lein auf der Hei - den.

(Orig. G dur.)

Pianoforte.

cresc.

nachgebend — *wie oben*

° = Heide

2
Knabe sprach: Ich breche dich,
Röslein auf der Heiden°!
Röslein sprach: Ich steche dich,

suffer

daß du ewig denkst an mich,
und ich will's nicht leiden.°
Röslein, Röslein, Röslein rot(h),
Röslein auf der Heiden.

3

= das

fought back
lamentations

Und der wilde Knabe brach
's° Röslein auf der Heiden;
Röslein wehrte° sich und stach,
half ihm doch kein Weh und Ach,°
mußt' es eben leiden.
Röslein, Röslein, Röslein rot(h),
Röslein auf der Heiden.

Am Brunnen vor dem Tore

Wilhelm Müller

= träumte
bark
= Freude

Am Brunnen vor dem Tore da steht ein Lindenbaum.
ich träumt° in seinem Schatten so manchen süßen Traum.
Ich schnitt in seine Rinde'° so manches liebe Wort.
Es zog in Freud° und Leide zu ihm mich immer fort.

rustled
good fellow

Ich mußt' auch heute wandern vorbei in tiefer Nacht,
da hab' ich noch im Dunkeln die Augen zugemacht.
Und seine Zweige rauschten,° als riefen sie mir zu:
Komm her zu mir, Geselle,° hier find'st du deine Ruh!

face

Die kalten Winde bliesen mir grad ins Angesicht,°
der Hut flog mir vom Kopfe, ich wendete mich nicht.
Nun bin ich manche Stunde entfernt von jenem Ort,
und immer hör ich's rauschen: du fändest Ruhe dort!

...

Ausdrücke und Redewendungen

jemand will etwas nicht leiden   someone is not going to put up with something
(das) Weh und Ach   lamentations
eben   *often added to mean* just
   Du mußt es eben leiden.   You'll just have to put up with it. *Sometimes implies* I told you so.
es zog jemanden (*Akk.*) **irgendwohin**   someone was drawn to a place

Übungen

A Zum Inhalt. Alles verstanden?

1. Erzählen Sie die „Geschichte" vom „Heidenröslein" in eigenen Worten.
2. Erzählen Sie in eigenen Worten die „Geschichte" von „Am Brunnen vor dem Tore".
3. Was beschreibt Goethe in „Wandrers Nachtlied"? Welche Stimmung erweckt dieses Gedicht?
4. Lernen Sie eines der Gedichte auswendig. Wer möchte eins aufsagen?

B Gruppenarbeit. Reimspiel: Ein(e) Student(in) fängt mit einem Wort aus den Gedichten an. Ein(e) Student(in) sagt ein Wort, das sich mit dem ersten reimt. Ein Dritter reimt weiter. Sehen Sie, welche Gruppe weiter kommt.

Beispiel: **auch** rhymes with **Bauch, Rauch, Hauch,** etc.

C Gruppenarbeit. Versuchen Sie eines der Gedichte ins Englische zu übersetzen. Vergleichen Sie Ihre Übersetzungen.

D Schriftliche Arbeit. Consider the use of the word **Geselle** in „Am Brunnen vor dem Tore." What does it imply about the speaker? About his feelings? About the meaning of the tree?

Goethe und Schubert

„Franz Schubert"
...
Was meinen Sie? Fragen zur Diskussion

1. Kennen Sie andere österreichische Komponisten neben Franz Schubert?
2. Welche romantische Musik haben Sie gern—und warum?
3. Glauben Sie, daß klassische Musik einen starken Einfluß auf neue Musik hat?

Franz Schubert (1797–1828)

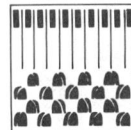

In dem Gesuch,° das er zwei Jahre vor seinem Tode an den Kaiser richtete,° um sich um die Stelle eines stellvertretenden° Kapellmeisters beim Hof° zu bewerben, hat Schubert selbst in großen Umrissen° seinen Lebenslauf niedergeschrieben:

„1. Der Bewerber° wurde in Wien als Sohn eines Lehrers geboren und ist neunundzwanzig Jahre alt.

2. Dank der Gunst° Sr.° Allerhöchsten Majestät[1] genoß er den Vorzug,° fünf Jahre lang als kleiner Hofsänger das kaiserliche und königliche Gymnasium zu besuchen.

3. Da er von Herrn Anton Salieri,[2] weiland° erster Hofkapellmeister, unterrichtet worden ist, besitzt er die erforderliche Befähigung,° um jedwede° Kapellmeisterstelle zu versehen°. . . .

4. Seine vokalen und instrumentalen Kompositionen haben seinen Namen nicht nur in Wien, sondern auch in ganz Deutschland bekannt gemacht; außerdem sprechen für ihn:

5. fünf Messen° für großes und kleines Orchester, die bereits in verschiedenen Kirchen in Wien zur Aufführung gelangt sind.°

6. Schließlich steht er nicht im Genuß irgendeiner Funktion° und hofft, einmal in einer materiell gesicherten Laufbahn° in seiner Kunst das erstrebte Ziel voll und ganz erreichen zu können."

Wie nicht anders zu erwarten, entging ihm die begehrte° Anstellung; Schubert lebte bis zu seinem frühen Tod in den unsicheren Lebensumständen° eines Bohemiens, einzig seiner inneren Berufung als unabhängiger° Komponist gewidmet und lediglich von einer Gruppe treuer Freunde unterstützt, die seine Bedeutung erkannt hatten.

„Das äußere Leben Schuberts war denkbar einfach", schreibt Eduard von Bauernfeld, „und vollzog sich° unter den ärmlichen Bedingungen eines Schulmeisters, später unter denen eines für dieses Land geradezu beispielhaften Falles von genialem

8 Musik und Literatur als Hobbies

Schubert im Kreise seiner Freunde

economic   Künstlertum, das hier wie wohl überall gegen wirtschaftliches° Elend und Dummheit zu kämpfen hat. . . ."

Schubert war, so könnte man sagen, eine Doppelnatur aus guter wienerischer Art und mit einem starken Einschlag° von nobler Melancholie durchwirkt.°

element / interlaced

. . .

quantity   Sein Werk überrascht uns zunächst rein äußerlich durch seinen Umfang° und seinen universalen Charakter. Ist man sich genügend bewußt, daß das umfangreiche Lebenswerk Schuberts (9 Sinfonien, einige 30 Kammermusikwerke, Violinsonaten, Trios, Quartette, Quintette, das *Oktett,* 10 Klaviersonaten, ohne elf unvollendet ge-

zu . . . taking into account   bliebene zu berücksichtigen,° die *Impromptus, Moments musicaux,* 3 Bände für vierhändige Klaviermusik, 7 Messen, das Oratorium *Lazarus* und andere religiöse Kompositionen, zahlreiche Opern, 603 Lieder und Chorwerke) in einem Zeitraum

enstanden . . . was written   von vierzehn Jahren entstanden ist?° Das heißt in der Hälfte der Zeit, die Mozart zur
mastering / granted   Bewältigung° seines Werkes gewährt° war! Nur wenigen romantischen Musikern war
war . . . had the privilege / creation to be active   es vergönnt,° sich mit ähnlichem Erfolg auf allen Gebieten musikalischen Gestaltens° zu betätigen.°

Goethe und Schubert

Man kann nicht über Schubert schreiben, ohne vom Lied zu sprechen, einer Kunstform, die so nachdrücklich° von ihm geprägt° wurde, daß er sie geschaffen zu haben scheint.

. . .

„Die Lieder von Schubert", schreibt Paul Dukas[3] „erscheinen als eine einzig° dastehende Leistung in der Geschichte der Musik; nichts kann ihnen im Hinblick auf Vielgestaltigkeit und Universalität des schöpferischen° Vermögens,° das aus ihnen spricht, an die Seite gestellt werden. . . . Da ist kein Thema, das Schuberts Inspiration nicht rein und gültig ausschöpft°; manche seiner Melodien sind einer dramatischen Szene gleich° entwickelt, andere sind auf eine Notenblattseite beschränkt°; aber in allen Formen, in denen er sich versucht,° wie immer auch der äußere Umfang seiner Komposition sei, trifft er den genauesten und tiefsten Ausdruck und den leidenschaftlichen° Aufschrei; sein Sang° spricht unmittelbar zum Herzen".

In einer kleinen, von ihm verfaßten° allegorischen Erzählung, betitelt „Mein Traum", schreibt Schubert: „. . . Und zum zweiten Mal wandte ich meine Schritte,° und mit einem Herzen voll unendlicher Liebe für die, welche sie verschmähten,° wanderte ich abermals in ferne Gegend. Lieder sang ich nun lange, lange Jahre. Wollte ich Liebe singen, ward° sie mir zum Schmerz. Und wollte ich wieder Schmerz nur singen, ward er mir zur Liebe. . . ."

Schubert ist mit Weber[4] der Musiker, welcher den tiefsten Einfluß auf die Musik der deutschen Romantik ausgeübt hat, der wie keiner zum Sänger einer unaussprechlichen Melancholie wurde.

Auszüge aus Romain Goldron: *Die Anfänge der Romantik* (Illustrierte Geschichte der Musik 8), Editions Rencontre 1966, S. 65–74.

. . .

Übrigens . . .

1. Seine Allerhöchste Majestät: His Highest Majesty, Emperor of Austria, Franz I. (reigned 1804–1835). After the Congress of Vienna (1814–1815) he and his chancellor, Metternich, adopted a policy against all national and liberal movements.
2. Antonio Salieri (1750–1825), Italian composer and conductor at the Austrian court in Vienna. Teacher of Beethoven, Schubert and Liszt. He maintained an ambivalent relationship to Mozart that has aroused the interest of musicologists and is the subject matter of the play and the movie *Amadeus*.
3. Paul Dukas (1865–1935), French composer, particularly well known for his symphonic poem „Der Zauberlehrling" ("The Sorcerer's Apprentice") after Goethe's ballad.
4. Carl Maria von Weber (1786–1826), important German composer who gained immediate fame through his opera „Der Freischütz" (1821).

Ausdrücke und Redewendungen

das erstrebte Ziel erreichen   to reach the desired goal
wie nicht anders zu erwarten   as was to be expected
die innere Berufung   avocation, calling
der geradezu beispielhafte Fall   the exemplary case
Einfluß ausüben auf (+*Akk.*)   to exert influence on

8 Musik und Literatur als Hobbies

Übungen

A **Zum Inhalt.** Setzen Sie die richtigen Wörter an die richtige Stelle.

1. Franz Schubert war der Sohn _____ und wurde _____ geboren.
2. Er bewarb sich, als er seinen Lebenslauf niederschrieb, um _____.
3. Schubert war fünf Jahre _____ des kaiserlichen und königlichen Gymnasiums.
4. Der damalige Hofkapellmeister Antonio Salieri war _____ Schuberts.
5. Schubert hat nicht nur Lieder, sondern auch _____ komponiert.
6. Schubert fand nie die von ihm gesuchte _____.
7. Schubert starb in _____ im Alter von einunddreißig Jahren.
8. Die Kunstform, die Schubert besonders geprägt hat und ihm ewigen Ruhm erworben hat, ist _____.
9. Der Komponist, der zweimal so viel Zeit in seinem Leben hatte, um zu komponieren, war _____.
10. Der andere Komponist, der den größten Einfluß auf die Musik der deutschen Romantik ausgeübt hat, war _____.

feste Stellung
Wolfgang Amadeus Mozart
kleiner Hofsänger
Armut
eines Lehrers, 1797
das Lied
die Stelle eines stellvertretenden Kapellmeisters
Messen, Sinfonien, Kammermusik und Chorwerke
Carl Maria von Weber
ein Lehrer

B **Schriftliche Arbeit.** Pick your favorite contemporary musician or one you know quite a bit about. Pretend you are this person, and have decided to apply for a permanent position. What position would it be (TV or radio, music education, live entertainment, and so on)? Then, how would you best expound on your talents, accomplishments, interests, capabilities, and qualifications?

C **Schriftliche Arbeit.** Aufsatzthemen:

1. Versuchen Sie das Zitat aus Schuberts Erzählung „Mein Traum" zu interpretieren. Schreiben Sie dazu etwa eine halbe Seite.
2. Finden Sie, daß wir Künstler mit öffentlichen Geldern unterstützen sollten? Warum oder warum nicht?

D **Schriftliche Arbeit.** Versuchen Sie eins der zwei folgenden Zitate zu übersetzen:

Goethe und Schubert

„Das Gefühl der Liebe, der Sehnsucht. . . . die ersten zwei Takte des Tristanvorspiels sagen dem Hörer mehr als die schönste Wortdichtung."

Richard Strauss

„Die Liebe kann uns keine Vorstellung geben von der Musik, aber die Musik kann uns die Liebe vergegenwärtigen. Warum jedoch die eine von der anderen trennen? Sie sind die beiden Flügel der Seele."

Hector Berlioz

E **Gruppenarbeit.** Diskussionsthemen:

1. Gehen Sie manchmal ins Konzert? Oder hören Sie sich lieber zu Hause Schallplatten an? Warum?
2. Wer ist Ihr Lieblingskomponist? Warum?
3. Was hören Sie am liebsten? Symphoniekonzerte, Opern, Kammermusik etc? Warum?
4. Spielen Sie selber ein Instrument? Welches? Wie lange schon?
5. Kennen Sie einige Stücke von Schubert? Welche gefallen Ihnen besonders?
6. Wenn Franz Schubert *heute* in Wien leben würde: wie würde er Geld verdienen? Welche Arbeitsstellen würde er suchen? Welche Möglichkeiten hätte er, in der heutigen Gesellschaft bekannt zu werden?

F Gruppenarbeit. Machen Sie eine Meinungsumfrage:

1. Wie wichtig ist für Sie persönlich?

    a. klassische Musik

    b. populäre Musik allgemein

    c. die Musik spezifischer Rock- oder Sängergruppen

a. unwichtig   *extrem wichtig*
   0   1   2   3   4   5   6   7   8   9   10

b. unwichtig   *extrem wichtig*
   0   1   2   3   4   5   6   7   8   9   10

c. unwichtig   *extrem wichtig*
   0   1   2   3   4   5   6   7   8   9   10

8 Musik und Literatur als Hobbies

2. Wie wichtig ist Ihrer Meinung nach Musik für die Gesellschaft und die Entwicklung ihrer Menschen?
    a. klassische Musik
    b. populäre Musik
    c. Musikunterricht für Kinder
    d. selber auf irgendeine Art zu musizieren

a. unwichtig   *extrem wichtig*
      0   1   2   3   4   5   6   7   8   9   10

b. unwichtig   *extrem wichtig*
      0   1   2   3   4   5   6   7   8   9   10

c. unwichtig   *extrem wichtig*
      0   1   2   3   4   5   6   7   8   9   10

d. unwichtig   *extrem wichtig*
      0   1   2   3   4   5   6   7   8   9   10

3. Wie wichtig ist die *Persönlichkeit* eines Musikers, die hinter der Musik steckt? Inwieweit interessieren Sie sich für die Person, die „Ihre" Musik macht?

unwichtig   *extrem wichtig*
      0   1   2   3   4   5   6   7   8   9   10

9

Stadt und Land

...

Einfach ist es nirgends

9 Stadt und Land

„Kreuzberg, 1964"

Was meinen Sie? Fragen zur Diskussion

1. Waren Sie einmal in Berlin?
   a. Wenn ja, was hat Ihnen dort am besten gefallen?
   b. Wenn nein, was möchten Sie dort gern sehen?
2. Berlin-Kreuzberg war ein Stadtteil für arme Leute und Studenten. Kennen Sie solche Stadtteile in Ihrer eigenen oder einer anderen Stadt?

Kreuzberg, 1964
Ingeborg Bachmann

Ingeborg Bachmann wurde 1926 in Klagenfurt geboren. Sie studierte Philosophie, Germanistik und Psychologie und erhielt 1950 den Grad eines Dr. phil. Sie gilt als eine der größten österreichischen Schriftstellerinnen der Moderne. Im Jahre 1973 starb sie in Rom. Neben zahlreichen Gedichten schrieb sie Hörspiele und Romane. Ihr wichtigstes Thema ist die Beziehung zwischen Mann und Frau. Daneben handelt ihr Werk von der Rolle der Frau in der heutigen Gesellschaft. Bachmanns kurzer Text „Kreuzberg, 1964" beschreibt einen Stadtteil Berlins, in dem früher arme Menschen wohnten. In den sechziger Jahren wohnten dort auch Studenten und Künstler. Kreuzberg wurde eine „modische" Wohngegend.

damp	
stove pipes	
scare	
zu . . . in a group	
religion	
gospel beards	
tin cups / broth	
second-hand dealers	
district / zahlt . . . makes a profit	
spit	
show itself	
rattled	
toppled	

Im Kommen ist jetzt der Kreuzberg,¹ die feuchten° Keller und die alten Sofas sind wieder gefragt, die Ofenrohre,° die Ratten, der Blick auf den Hinterhof.² Dazu muß man sich die Haare lang wachsen lassen, muß herumziehen, muß herumschreien, muß predigen, muß betrunken sein und die alten Leute verschrecken° zwischen dem Halleschen Tor³ und dem Böhmischen Dorf.⁴ Man muß immer allein und zu vielen° sein, mehrere mitziehen, von einem Glauben° zum andern. Die neue Religion kommt aus Kreuzberg, die Evangelienbärte° und die Befehle, die Revolte gegen die subventionierte Agonie.⁵ Es müssen alle aus dem gleichen Blechgeschirr° essen, eine ganz dünne Berliner Brühe° dazu dunkles Brot, danach wird der schärfste Schnaps befohlen, und immer mehr Schnaps, für die längsten Nächte. Die Trödler° verkaufen nicht mehr ganz so billig, weil der Bezirk° im Kommen ist, die *Kleine Weltlaterne*⁶ zahlt sich schon aus,° die Prediger und die Jünger lassen sich bestaunen am Abend und spucken° den Neugierigen auf die Currywurst.⁷ Ein Jahrhundert, das sich auch hier nicht zeigen° will, wird in die Schranken gefordert. An einem Haustor, irgendeinem, wird gerüttelt,° ein Laternenpfahl umgestürzt,° einigen Vorübergehenden über die Köpfe gehauen. Es darf gelacht werden in Berlin.

100

Übrigens . . .

1. The Kreuzberg is a man-made hill in the middle of this southern part of Berlin. Berlin-Kreuzberg, traditionally a poor workers' quarter, offered inexpensive housing to students during the 1950s and 1960s. During that time, it became "fashionable" as an artists' enclave. Today, many Turkish guest workers live there.
2. Most of the large tenements, constructed in the late 19th century, have enclosed courtyards: an uninspiring vista for the inhabitants.
3. **Hallesches Tor** is a subway station in Berlin. From here, one enters Kreuzberg.
4. **Böhmisches Dorf** = Bohemian Village, Kreuzberg's artist section.
5. Protest and general political dissent were the origins of the Berlin student revolt, which may well have started in Kreuzberg in the early 1960s.
6. The **Kleine Weltlaterne** was a cabaret-café where much daily political criticism was voiced.
7. **Currywurst**: curry-flavored sausage, a typical Berlin snack sold in pubs and by street vendors.

Ausdrücke und Redewendungen

im Kommen sein to become fashionable
etwas ist gefragt something is in demand
die subventionierte Agonie state-subsidized boredom
aus dem gleichen Blechgeschirr essen to eat from the same tin cups—that is, to be equal
in die Schranken fordern to challenge someone to a duel
es darf gelacht werden it's not that serious

Übungen

A Zum Inhalt. Verbinden Sie den zitierten Satz mit dem Satz, der das gleiche sagt.

1. Man versucht, die Ereignisse des eigenen Jahrhunderts zu verstehen und entscheidend zu beeinflussen.
2. Geschäfte in modischen Gegenden werden immer teurer.
3. In jeder modischen Wohngegend muß man den modischen Haarschnitt haben.
4. In Kreuzberg zu wohnen, ist jetzt modisch.
5. Alle Menschen sind gleich.

a. „Im Kommen ist jetzt der Kreuzberg."
b. „Dazu muß man sich die Haare lang wachsen lassen."
c. „Es müssen alle aus dem gleichen Blechgeschirr essen."
d. „Die Trödler verkaufen nicht mehr ganz so billig."
e. „Ein Jahrhundert wird in die Schranken gefordert."

B Zur Diskussion.

1. Was passierte im Jahr 1964? Wie sahen die Jahre vorher aus? Die Jahre nachher (1965–1968)? Welche Ereignisse kennen Sie aus diesen Jahren? (Vietnamkrieg, Kambodscha, Kent State University usw.)

2. Die Berliner Studenten spielten eine wichtige Rolle in den Studentenunruhen der sechziger Jahre. Was glauben Sie, ist gemeint mit dem Ausdruck „Ein Jahrhundert wird in die Schranken gefordert"? Wie haben Studenten das gemacht? Was waren die Folgen?

3. Stellen Sie sich einmal vor. . . . Sie sind ein Student in Berlin, geboren 1940. Das Jahr ist 1964. Ihre Eltern sind Deutsche, geboren 1920. Wie sah der Lebenslauf ihrer Eltern aus im Zusammenhang mit den geschichtlichen Ereignissen der Zeit? Ihr eigener Lebenslauf? Wie alt waren Sie, als der Krieg zu Ende ging? Haben Sie Lust, „das Jahrhundert in die Schranken zu fordern"? Wie machen Sie das?

„Das grüne Monster"

Was meinen Sie? Fragen zur Diskussion

1. Die Olympischen Spiele fanden 1972 in München statt. Wissen Sie, wo sie danach stattfanden?
2. Möchten Sie, daß die Olympischen Spiele in Ihrer eigenen Stadt stattfinden werden? Warum / Warum nicht?
3. Waren Sie schon bei den Olympischen Spielen? Wann und wo fanden sie statt?

Das grüne Monster

Axel Winterstein

Es heißt immer noch Dorf, auch wenn 11 000 Menschen hier leben, so viele wie in einer Kleinstadt, und auch wenn das Gebilde° wirklich nicht wie ein Dorf aussieht, sondern wie eine aufgetürmte° Betonlandschaft. Doch als Olympisches Dorf ist dieser Münchner Wohnbezirk, der nicht einmal ein eigener Stadtteil ist, sondern zu Milbertshofen gehört, nun einmal in das Bewußtsein und in die Geschichte eingegangen. Und so heißt die Zeitung der aufgetürmten Häuserlandschaft auch heute noch „Dorfbote"° und heißen die Bewohner „Dörfler".°

Die elf Jahre seit der Einweihung° im Olympiajahr 1972 haben an dem Namen nichts geändert¹—wohl aber an den Verhältnissen. Elf Jahre nach seinem Entstehen präsentiert sich das Dorf als ein architektonisches Experiment, das nun bald abgeschlossen sein wird, als eine Form des Städtebaues,° die in der Bundesrepublik Deutschland einzigartig geblieben ist. „So etwas wird nie mehr gebaut", hatte der maßgebende° Architekt Erwin Heinle aus Stuttgart schon 1972 vorausgesagt, und er behielt recht. Das Dorf blieb als Monster und Meisterwerk, als Vorbild nicht wiederholbar.

Daß sich die Verhältnisse änderten, daß sich aus dem Betonmonster ein normales Wohngebiet entwickelte, lag an den Bewohnern.

Die Einwohner waren es, die ihr Dorf bewohnbar gemacht, die den Beton vermenschlicht° haben— sämtliche Wände aller Häuser sind, innen wie außen, aus Beton.

Innen haben sich viele Dörfler mit viel Holz eingerichtet, und aussen ähnelt° das Dorf nun geradezu einer grünen Oase. Die Bäume sind in den elf Jahren bis zu 30 Meter gewachsen, um die Vorgärten ranken° üppige° Hecken und Sträucher. Die auffälligste Veränderung seit der Einweihung, die Gärten auf jedem Balkon, sind schon die „hängenden Gärten von München"² genannt worden. Teilweise verschwinden die Vorderfronten der Hochhäuser fast vollständig hinter

9 Stadt und Land

Das olympische Dorf—Monster oder Idylle?

dem Grün, das aus den Trögen° quillt°, mit denen jeder Balkon abschließt; und einen Balkon hat jede Wohnung.

    Großen Anteil am Grünwerden des Dorfes hat eine jung gebliebene Dame von 83 Jahren. Dr. Ilse Lange, eine ehemalige Augenärztin, zog „noch im Bauschutt"° ein, stieß sich von Anbeginn an° am Asphaltgrau und setzte eine Aktion „Unser Dorf soll schöner werden" in Gang.

    Für die Gestaltung der Wege und Dorfzugänge gewann° Ilse Lange Experten der Gartenbauhochschule.° Damit die Häuserfronten auch grün wurden, initiierte° sie Wettbewerbe unter dem Motto „Wer hat den schönsten Balkon?"

    Andere Bewohner rückten dem Beton mit Farbe und Pinsel zu Leibe: Die phantasievollen Wandmalereien° im Studentendorf sind sogar berühmt geworden. Dabei war der Beginn 1972 in jeder Hinsicht düster.° Nach dem Auszug der Sportler blieben Neubauruinen mit Negativimage übrig: eine „Geisterstadt".° Jahrelang stand die Hälfte der 4700 Wohnungen leer.

    Als Probleme werden insbesondere zwei Industriebetriebe in der unmittelbaren Nachbarschaft empfunden: Ein Chemiewerk im Westen und BMW[3] im Osten. Aber die Vorteile liegen für jeden auf der Hand, der das Dorf auf die effektivste Weise erkundet,° nämlich mit dem Fahrrad. Für einen Fußmarsch ist es etwas zu groß, und Autos bleiben ausgesperrt,° müssen in Fahrstraßen im Untergrund bleiben.

planting boxes — Trögen
flows — quillt
building rubble — Bauschutt
stieß sich ... an / took offense
won over — gewann
school of landscaping — Gartenbauhochschule
initiated — initiierte
murals — Wandmalereien
gloomy — düster
ghost town — Geisterstadt
explores — erkundet
barred — ausgesperrt

Einfach ist es nirgends

Fahr-... *automobile and pedestrian zones exemplary*

lake for swimming
hill for sledding

Diese Trennung von Fahr- und Fußgängerebene° wird mehr denn je als vorbildlich° gelobt. Die Wege zwischen den Häusern gehören tatsächlich nur den Fußgängern und den Radlern, und sie sind deswegen auch ein Kinderparadies, wie überhaupt das Dorf Kindern alles bietet: Kindergarten, Grundschule, einen Badesee° im Sommer und Schlittenhügel° im Winter, Spielplätze und Kinderkino.

Gut gesorgt ist für die Erwachsenen. Mit Läden und Supermärkten aller Art, mit einem Wochenmarkt,[4] einem Kultur- und einem Sportverein, mit Sauna, Schwimmbad, Ärzten, einem Café, zwei Stehbars° hat das Dorf etwas zu bieten.

Der Kontakt der Dorfbewohner untereinander funktioniert, sagt Buchhändler Unverhau, „leicht und zumeist problemlos": „Wenn man will, kann man im Dorf völlig ano-

stand-up bars

nym wohnen, wenn man will, ist es aber auch leicht, andere Bewohner kennenzulernen, am leichtesten noch für die Frauen beim Einkaufen, im Kindergarten oder auf dem Kinderspielplatz."

Wer sich trotzdem noch schwertut,° für den gibt es eine Kontakt- und Informationsstelle namens „Kis", die laut Eigenbeschreibung „immer bereit" ist. Sie vermittelt Babysitter, Nachhilfeunterricht,° Tierbetreuung° und „sonstige Hilfen und Informationen", wobei letzteres besonders die vielen Alleinstehenden° im Dorf interessiert. In zwei der Hochhäuser gibt es nur für Singles geeignete 1,5-Zimmer-Wohnungen. Unverhau: „An Einsamkeit geht hier aber keiner zugrunde."

has problems

private tutoring
pet sitters

single people

aus *Scala* Nr. 1-2/1984, S. 52-54.

Übrigens ...

1. The Summer Olympic Games of 1972 took place in Munich.
2. **„Die hängenden Gärten von München":** a reference to the hanging gardens of Babylon built by the legendary Queen Semiramis.
3. **BMW: Bayerische Motorenwerke AG,** major German automobile and motorcycle manufacturer.
4. Farmers' markets are held in most towns and cities on Fridays and/or Saturdays.

Ausdrücke und Redewendungen

in das Bewußtsein eingehen   to enter (one's) consciousness
recht behalten   to be right in the end
bewohnbar machen   to make livable
großen Anteil haben an (+*Dat.*)   to have a large part in
in Gang setzen   to put into motion
zu Leibe rücken   to tackle
übrigbleiben   to be left over
auf der Hand liegen   to be obvious
aller Art   of all types
zugrunde gehen   to perish

Übungen

A **Zum Inhalt.** Was paßt wozu?

das Olympische Jahr, in dem das Dorf gebaut wurde ____
so viele Einwohner leben hier ____
damit sind alle Häuserfronten bedeckt ____
sie setzte die ganze Aktion in Gang ____
die Anzahl der Wohnungen ____
Einrichtungen für Kinder ____
Einrichtungen für Erwachsene ____
Lästige Industrien in der Nähe ____

elftausend
Frau Dr. Ilse Lange
4700
Grundschule, Badesee, Spielplätze und Kino
1972
Supermärkte, Sportverein und Café
Grünes und Wachsendes
Chemiewerk und BMW-Fabrik

B **Zum Photo (auf Seite 105).** Wohnungsnot und Mieterprotest:

1. Was würden Sie machen, um das Haus zu verschönern?
2. Übersetzen Sie die Sprüche, die die Mieter herausgehängt haben.

C **Rollenspiel:**

Einige Studenten sind die Mieter eines gewöhnlichen Beton-Wohngebäudes. Sie entschließen sich, eine Bürgerinitiative zu gründen, um das Wohngebäude menschlicher zu machen und sein Aussehen zu verschönern. Eine zweite Gruppe von Studenten sind die Mieter, die wegen der Arbeit und Kosten dagegen sind. Zwei weitere Studenten stellen die Besitzer des Wohngebäudes dar, die man davon überzeugen muß, daß so eine Initiative in ihrem Interesse ist.

D **Wie reagieren Sie?** Wahrscheinlich haben Sie solche Stadt- oder Campus-Verschönerungsprojekte irgendwann einmal beobachtet. Wenn nicht, denken Sie sich ein Verschönerungsprojekt für Ihre Stadt oder Ihren Campus aus. Schreiben Sie einen kurzen Bericht und behandeln Sie dabei die folgenden Themen:

1. den Anfangszustand
2. die geplanten Verbesserungen
3. die tatsächlichen Leistungen nach Vollendung des Projekts

„Straßentheater"

Was meinen Sie? Fragen zur Diskussion

1. Wissen Sie, was eine Pantomime ist?
2. Würden Sie stehenbleiben und zuschauen, wenn jemand auf der Straße Theater spielt? Würden Sie Geld geben? Warum / Warum nicht?

Straßentheater

Ingeborg Drewitz

Ingeborg Drewitz, 1923 in Berlin geboren und dort 1986 gestorben, zählt zu den wichtigsten lebenden deutschen Schriftstellern. Sie schrieb Essays, Hörspiele, Romane und Erzählungen. Sie war Mitbegründerin des „Verbandes deutscher Schriftsteller" und Vizepräsidentin des PEN-Zentrums in Deutschland. Die Erzählung „Straßentheater" wurde 1970 geschrieben; sie spielt mitten in einer großen Stadt. Sie schildert die Straßenaufführung einer Pantomime, die von zwei jungen Menschen gemacht wird. Die Pantomime[1] selber beschreibt wiederum in wenigen Zügen das Leben der Großstadtbewohner, die zuschauen. Drewitz gibt dem Leser Einblick in die Gefühle, die das Straßenschauspiel bei den Zuschauern auslöst, und auch in das Dasein der zwei jungen Pantomimen,[1] die auf diese Weise ihre Mitteilung an die Großstadt machen.

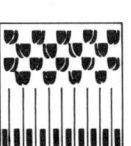

Rücken, Mäntel, hochgeschlagene Kragen, Schiebermützen,° Baskenmützen,° Kopftücher, lange Haare. Irgend etwas geschieht, das sich von der Mitte des Gedränges° her als Unruhe mitteilt. Hände werden sichtbar, Zettel in Händen, Arme winkeln sich an, drängen die Rücken auseinander, während immer wieder Zettel aufflattern wie Taubenschwärme° und aufs Pflaster sinken und Schuljungen sich danach bücken und Frauen mit Kinderwagen sich danach bücken und manche auch stehenbleiben. Drüben vorm Discountladen drehen welche° die Gesichter her, ein Radfahrer hält am Bordstein,° den linken Fuß noch auf dem Pedal. Erst als er die in den offenen Fenstern auf der Sonnenseite der Straße sieht und die hinter den Gardinen° auf der Schattenseite, schwingt er das linke Bein über den Sattel, schließt das Fahrrad an der Laterne an und schiebt sich zwischen die Rücken und die angewinkelten° Arme. Der Streifenwagen° fährt langsam vorbei. Die Scheibe ist heruntergekurbelt° und der Sprechfunk° zu hören: Menschenauflauf° in der Bergmannstraße, bitte beobachten, Menschenauflauf in der Bergmannstraße, bitte beobachten. Der Fahrer stoppt den Wagen in etwa fünfzig Meter Entfernung, der Begleiter steigt aus und kommt auf die Gruppe zu, die Rücken schließen dichter auf. Vor der Schleuse,° in die das Schmelzwasser abfließt, stauen sich ein paar Flugblätter.° Der Polizist hebt sie auf, liest ROMEO UND JULIA IN DER BERGMANNSTRASSE, zieht den Mund breit, faltet die feuchten

Einfach ist es nirgends

Zettel zusammen und geht zum Streifenwagen zurück. Sein Kollege hat den Motor laufen lassen und legt den ersten Gang ein.°

Der junge Mann mit den graugewaschenen Blue jeans und der abgewetzten° Samtjacke° steht auf dem Podium aus Kistenbrettern.° Ihm zu Füßen sitzt das Mädchen, die Arme um die Knie geschlungen, die Stirn gegen die Knie gepreßt. Schuhe in Pfützen,° es taut erst seit gestern, vom Schnee ist ein Brei aus Asche und Grus° übrig, matschige° Obstschalen, die aufgeweichten Exkremente der Straßenköter,° Risse° und Löcher im Asphalt und die breiige Erde der Baustellen.° Frühling in der Bergmannstraße.

Der junge Mann stößt das Mädchen mit der Fußspitze an.[2] Sie löst die Arme von den Knien, legt den Kopf schräg in den Nacken,° daß das Haar über die Schultern zurückfällt und tritt auf das Podium. Er nähert sich ihr, sie spielt die Spröde,° weicht ihm aus, huscht unter seinen zugreifenden Händen weg, will über den Rand des Podiums hinaus. Doch ehe sie ausschreiten kann, taumelt° sie, stolpert rückwärts, der junge Mann fängt sie auf, langsam wendet sie ihm das Gesicht zu, ihre Blicke treffen sich, ihre Hände verschränken° sich, sie tanzen, sie drängen gegeneinander, sie schrecken voreinander zurück, erstarren plötzlich. Der junge Mann beginnt den Raum auszumessen. Hand für Hand tastet° er die imaginären Wände ab und das Mädchen tut es ihm gleich. Der Raum ist zu eng, sie prallen gegeneinander, tasten sich noch einmal zurück. Nun ballt er die Fäuste, stopft sie in die Hosentaschen und zieht eine Flasche heraus, trinkt, bis er wohlig trunken schwankt, während sie wäscht und strickt und schleppt und schon ein Kind in den Armen hält und wieder unbeholfen mit der einen freien Hand zu waschen und zu schleppen versucht und erschöpft° aufgibt, krumm dasteht, ihn beobachtet, belauert,° schräg über die Schulter

---

legt ... puts the car in first gear
threadbare
corduroy jacket / Podium ... stage made from old crates
puddles / granules
squashed / mongrels
cracks / construction sites

legt ... tilts her head back
hard to get

sways

entwine

touches

exhausted / observes suspiciously

109

9 Stadt und Land

hin, wie er immer ungeduldiger die Enge ausmißt, bis er sie jäh° und ohne Zärtlichkeit° an sich reißt. Sie gehen beide auf der Stelle gegen die Wände an, werden immer müder, immer langsamer, rücken immer weiter voneinander ab, er greift wieder nach der Flasche, sie zählt ängstlich das Geld auf der Hand aus, schleppt, wäscht, stopft wie eine Vogelmutter die vielen Münder rings in der Enge, bis sie niederkauert, den Kopf auf die Brust sinken läßt, nicht darauf achtet, wie er am Hosenschlitz° fummelt, noch einmal über das Podium hinaustappen will, sich den Kopf stößt, zusammenklappt und sitzen bleibt, mit dem Rücken zu ihr, die Beine auseinandergespreizt,° die Hände hilflos auf den Schenkeln mit den Handflächen und den gekrümmten Fingern nach oben, untätig,° wartend.

    Die Gruppe drängt auseinander, der Radfahrer schließt sein Rad von der Laterne los, Kopftücher wehen, Haare, jemand kämmt sich flüchtig, drüben vorm Discountladen zerstreuen sich die Neugierigen, Papierknäuel bleiben liegen. Der mit den graugewaschenen Blue jeans schiebt sie mit dem Fuß in den Rinnstein,° das Mädchen nestelt° an der Kette, die sie während der Pantomime unterm Pullover versteckt hatte. Dabei lockern sich ihre Hände und ihr Gesicht entspannt sich. Morgen werden sie wieder spielen, in der Neuenhagener Straße oder am Karlsplatz oder in der Schweidnitzer Straße oder unter dem Hochbahnbogen. Wenn sie nur jemand entdecken oder das Fernsehen aufmerksam würde! Sie sind zwei Monate Miete im Rückstand.° Sie haken die beiden Teile des Podiums auseinander und laden sie sich auf. Drei Männer bleiben an der Ecke stehen. Einer lacht. Diese Spinner,° haben nichts Besseres zu tun! Der zweite zieht die Schultern hoch. Ich weiß nicht, mit der Kleinen langweilst du dich doch nicht! Der dritte schnalzt° nur. Die hinter den Kassen im Discountladen sitzen und pausenlos mit der rechten Hand bongen° und mit der linken die Ware aus dem Korb auf das laufende Band legen, Kaffee, Zucker, Margarine, Äpfel, Weinbrand, Tomaten, Zigaretten, Wurst, Käse, Schinken, grünen Salat, Gemüse aus der Gefriertruhe,° Seifenpulver, Schwedenwindeln,° Plastikflaschen, die haben beide von dem Menschenauflauf nicht viel gesehen. Nur mal ein Blick über die Schulter. Aber das genügt mir, sagt die ältere, hätten wir uns das einfallen lassen, die Straße zu versperren? Wenn's meine wären, na, die sollten sich umsehen!° (Als sie jung war, ist sie in der Marschkolonne mitmarschiert und mitten auf der Fahrbahn.³) Die andere Blondierte° antwortet nicht. Sie hat ihr Kind über Tag bei der Oma, will gar nicht darüber nachdenken, wie die zwei da nebeneinander fortgegangen sind, jeder mit einem von den flachen Kästen, die sie vorher gar nicht bemerkt hatte. Nebeneinander. So hat sie sich's auch mal gewünscht. Daß einer da ist neben ihr, mit dem sie alles teilt, mit dem sie's gut hat abends. Manchmal geht sie ins Café, wenn die Kleine im Bett ist. Da gibt's so ein bißchen Musik, von der einem heiß wird. Aber die an den Tisch kommen, wollen alle nur das eine.

    Der Radfahrer muß auf die Ampeln° achten und auf die vielen parkenden Autos, um die er herumfahren und dabei aufpassen muß, daß ihn die Autofahrer nicht einklemmen° und schleudernde Anhänger° ihn nicht umreißen. Er hat die Lust verloren, nach Hause zu fahren, die sonnenlosen Zimmer, die Frau, die Kinder und immer die gleiche Litanei°: Warum kommst du nicht weiter, andere. . . . Heute ist Holz zu spalten, weiß er, und die Wäsche muß zur Rolle,° bei fünf Kindern ist bald ein Korb voll, die Frau kann nichts tragen. Da machen einem diese jungen Leute was vor, ohne ein Wort, und mit einem Mal weiß man, weiß er — nichts, nichts! Er tritt fest in die Pedale, stoppt bei Rot und fährt bei Gelb schon an.⁴ Irgendwo draußen in der Laubenkolonie° muß man doch schon den Frühling riechen!

    Einer zeigt abends den Zettel, den er noch in der Manteltasche gehabt hat, seiner Frau. Die liest den und wundert sich, daß ihn so etwas interessiert.

110

Einfach ist es nirgends

India ink
thumb tack
request / principal

Zweifel ... not to take their situation for granted

precinct
stick figures / desk pad
blotting paper

typesetter
talented

links
hisses
semiprecious stones

if all else fails
stage

lecture notebooks

tourmaline fragment / sets

Ein anderer malt den Text sorgfältig mit Ausziehtusche° auf einen großen weissen Bogen und befestigt den mit einem Reißnagel° über seiner Schlafcouch.

Eine Lehrerin verfaßt ein Gesuch° an den Schulrektor,° die beiden jungen Leute ihre Pantomime vor den oberen Klassen aufführen zu lassen. Es ist unser Auftrag, die Kinder und Jugendlichen zum Zweifel am Selbstverständnis ihrer Lage° zu führen, schreibt sie.

Der Kriminalkommissar L. liest die Meldung der Streifenpolizisten über den Menschenauflauf in der Bergmannstraße, die ihm vom Revier° durchgegeben worden ist. Sein Kugelschreiber zeichnet Kringel und Strichmännchen° auf die Schreibunterlage.° Er löst das Löschblatt° mit den Kringeln und Strichmännchen von der Schreibunterlage und steckt es in den Papierkorb.

Der Setzer° Z. und der Setzer M. rufen sich durch den Lärm in der Halle zu, was sie von Romeo und Julia in der Bergmannstraße halten. Sie sind sich einig, begabt° ist das Paar. Aber waschen sollten sie sich, ruft der eine dem anderen zu.

Das Mädchen biegt mit der heißen Zange die Kettenglieder° zusammen. Der Bunsenbrenner saust.° Unter der Lampe funkeln die Splitter aus Glas und Halbedelstein° und die silbernen Fädchen und Blättchen, die sie zu Ketten und Armbändern komponiert. Es ist kalt im Zimmer, aber sie haben nur noch das Holz, das im Podium steckt, trockenes Holz, im Ofen würde es lichterloh brennen. Schließlich° könnten wir das Spielfeld° auch mit Kreide ausmessen, denkt sie, die Straßen trocknen bald ab, warum machen wir's uns nicht ein bißchen warm?

Der junge Mann hat Bücher und Kolleghefte° um sich ausgebreitet und sich in eine Decke eingewickelt. Ich habe Lust auf Bratäpfel, sagt er. Das Mädchen antwortet nicht, weil sie eben einen Turmalinsplitter° einfaßt.° Sie muß den Schmuck morgen beim Juwelier abliefern. Dann wird sie Äpfel kaufen. Morgen nachmittag werden sie in der Neuenhagener Straße gegenüber von der Zigarettenfabrik spielen. Und übermorgen in der Schweidnitzer Straße. Vielleicht kommt das Fernsehen, vielleicht entdeckt sie einer.

...

Übrigens ...

1. In German, **Pantomime** refers both to the person (**der Pantomime** *mime*) and the action (**die Pantomime** *pantomime*).
2. At this point, the pantomime drama begins.
3. Drewitz indicates here that the clerk, although shocked at the idea of young people performing in the street, took part herself as a young person in public demonstrations, presumably in mass gatherings during the Nazi era.
4. In Europe, traffic lights turn yellow before green as well as before red.

Ausdrücke und Redewendungen

etwas staut sich   something is backing up
den Gang einlegen   to put a car in gear
jemandem (*Dat.*) **zu Füßen sitzen**   to sit at someone's feet
ihre Blicke treffen sich   their glances meet
voreinander zurückschrecken   to back away from each other
es jemandem (*Dat.*) **gleichtun**   to copy someone

9 Stadt und Land

jemand wird aufmerksam   someone notices or discovers (becomes observant)
Hätten wir uns das einfallen lassen?   Would we have dared to do something like that?
über Tag   during the day
alle wollen nur das eine   they all just want the same thing
lichterloh brennen   to burn ablaze, quickly
etwas bei jemandem (*Dat.*) **abliefern**   to deliver something to someone

Übungen

A **Zum Inhalt.** Stellen Sie sich vor, Sie seien eine der folgenden Personen am Abend nach dem Straßentheater. Sie wollen Ihr Erlebnis ins Tagebuch schreiben (etwa 7–8 Sätze).

| der Schauspieler | der Fahrradfahrer | der Polizist |
| die Schauspielerin | die Frau im Discountladen | |

B **Zum Inhalt.** Wer sagt was? Verbinden Sie die Aussage mit dem Menschen, der sie ausspricht:

1. „Menschenauflauf in der Bergmannstraße, bitte beobachten!"
2. „Wenn nur das Fernsehen aufmerksam würde!"
3. „Diese Spinner, haben nichts Besseres zu tun!"
4. „Warum kommst du nicht weiter, andere. . . ."
5. „Nebeneinander. So habe ich's mir auch mal gewünscht."
6. „Ich habe Lust auf Bratäpfel."

a. die Kassiererin im Discountladen
b. drei Männer, die zufällig zuschauten
c. der junge Mann, der Pantomime spielt
d. der Sprecher bei der Polizei
e. die Frau des Radfahrers
f. die junge Frau, die Pantomime spielt

C **Zum Inhalt.** Die folgenden drei „Gegenstände" können als Symbole verstanden werden. Teilen Sie sich in drei Gruppen auf. Jede Gruppe wählt eines der Symbole und erklärt, was es in der Geschichte bedeuten könnte.

1. das tragbare Podium aus Kistenbrettern, das aus zwei Hälften besteht
2. die Flugblätter: einige enden im Straßenschmutz, einige werden nach Hause getragen
3. die imaginären Wände

D **Zum Inhalt.** Diskussionsthema:

Haben Sie je Straßentheater beobachtet? Oder Menschen, die auf der Straße ein Instrument spielen? Wie gefiel Ihnen das? Finden Sie es schön? Unangenehm? Was, glauben Sie, ist die Motivation solcher Sänger oder Spieler? Würden Sie das je machen?

Einfach ist es nirgends

E **Spielen Sie mit!** Welche Wörter passen hinein?

1. Hierauf wurde das Schauspiel aufgeführt.
2. Der Polizist wird gerufen, um einen ____ zu beobachten.
3. Hiermit bearbeitet die junge Frau abends die Schmuckstücke.
4. Hierauf hat der junge Mann Hunger.
5. Welche Rolle spielt der junge Mann bei der Pantomime?
6. Menschenauflauf in der ____!
7. Darin fährt der Polizist.
8. Die Schauspieler sind hiermit zwei Monate im Rückstand.
9. Damit könnte man auch das Spielfeld malen, wenn das Podium verbrannt ist.

Lösung: 1. *Podium* 2. *Menschenauflauf* 3. *Bunsenbrenner* 4. *Bratäpfel* 5. *Romeo* 6. *Bergmannstraße* 7. *Streifenwagen* 8. *Miete* 9. *Kreide*

9 Stadt und Land

„Abschied in der Vorstadt"

Was meinen Sie? Fragen zur Diskussion

1. Was ist der Unterschied zwischen einer Vorstadt, einer Innenstadt und einer Stadt? Zwischen einer Stadt und einem Dorf?
2. Erklären Sie, was das Wort „Abschied" bedeutet.

Abschied in der Vorstadt

Erich Kästner

Erich Kästner wurde 1899 in Dresden geboren. Er starb 1974 in München. Er arbeitete bei verschiedenen Zeitungen und für die Filmindustrie. Neben zahlreichen Romanen und Jugendbüchern schrieb er vor allem Gedichte. Wegen seiner Kritik am Nationalsozialismus wurden seine Bücher zwischen 1933 und 1945 in Deutschland nicht veröffentlicht. Er zählt zu den populärsten Autoren in deutscher Sprache, da er immer für ein breites Leserpublikum geschrieben hat. Sein Gedicht „Abschied in der Vorstadt" beschreibt eine Situation, die viele Leser ansprechen muß, da sie vielleicht ähnliche Erfahrungen gemacht haben.

shivering	Wenn man fröstelnd° unter der Laterne¹ steht,
	wo man tausend Male mit ihr stand. . . .
	Wenn sie, ängstlich wie ein Kind, ins Dunkel geht,
soundlessly	winkt man lautlos° mit der Hand.
	Denn man weiß: man winkt das letzte Mal.
the way she walks	Und an ihrem Gange° sieht man, daß sie weint.
empty	War die Straße stets so grau und stets so kahl?°
	Ach, es fehlt bloß, daß der Vollmond scheint. . . .
supper	Plötzlich denkt man an das Abendbrot°
totally / out of place	und empfindet dies als gänzlich° deplaziert.°
	Ihre Mutter hat zwei Jahre lang gedroht.
obeys	Heute folgt° sie nun. Und geht nach Haus. Und friert.
pleasure / comfort	Lust° und Trost° und Lächeln trägt sie fort.
mute	Und man will sie rufen! Und bleibt stumm.°
	Und sie geht und wartet auf ein Wort!
	Und sie geht und dreht sich nie mehr um. . . .

Einfach ist es nirgends

Übrigens...

1. During the 1920s and the 1930s, the street light was often a meeting place for lovers in poems and songs (for example, „Lili Marlen"). Here it symbolizes the loneliness of the suburban scene.

Ausdrücke und Redewendungen

es fehlt bloß...   the only thing that is missing is...

Übungen

A **Zum Inhalt.** Verbinden Sie das, was zusammen paßt.

1. Der Ort, an dem das Gedicht „spielt":
2. Die Jahreszeit:
3. Die Tageszeit:
4. Personen:
5. Die Länge ihrer Beziehung:
6. Die Stimmung (*mood*) des Gedichts:

a. Winter
b. ein Mann und seine Freundin
c. melancholisch
d. unter einer Straßenlampe
e. zwei Jahre
f. nachts

B **Zur Diskussion.** Warum nehmen die beiden Menschen im Gedicht voneinander Abschied? Verstehen Sie die Gründe—oder nicht?

115

10

Der Mensch und die Medien

···

Wer beherrscht wen?

"Reklame"

Was meinen Sie? Fragen zur Diskussion

1. Ist Reklame für Sie wichtig? Warum / Warum nicht?
2. Denken Sie, daß Reklame den Menschen Illusionen gibt?
3. Glauben Sie, daß Reklame den Menschen schaden kann? In welcher Form und warum?

Reklame[1]
Ingeborg Bachmann

(Biographie zu Ingeborg Bachmann siehe Kapitel 9, „Kreuzberg, 1964", Seite 100)

Wohin aber gehen wir
ohne sorge sei ohne sorge
wenn es dunkel und wenn es kalt wird
sei ohne sorge
aber
mit musik
was sollen wir tun
heiter und mit musik
und denken
heiter
angesichts° eines Endes — in the face of
mit musik
und wohin tragen wir
am besten
unsre Fragen und den Schauer° aller Jahre — shuddering, anxiety
in die Traumwäscherei ohne sorge sei ohne sorge
was aber geschieht
am besten
wenn Totenstille° — dead silence
eintritt° — sets in

...

Übrigens . . .

1. The poem skillfully contrasts two texts, a technique sometimes used in contemporary poetry. The first text, in a roman typeface, expresses the fears and anxieties of modern humanity. As a counterpoint to this, the second text, in italic type, constantly intrudes, interrupting with fragments from advertising slogans.

Übungen

A **Zum Inhalt.** Gruppenarbeit: Geben Sie eine Inhaltsangabe der beiden Stimmen im Gedicht: 1. der normal gedruckten und 2. der kursiv (*in italics*) gedruckten. Diskutieren Sie die im Gedicht gestellten Fragen. Was wird gefragt? Finden Sie Antworten?

B **Zum Inhalt.** Woran denken Sie, wenn Sie dieses Gedicht lesen? Geben Sie in fünf Sätzen ihre eigenen Assoziationen.

C **Schriftliche Arbeit.** Schreiben Sie einen kurzen Essay mit dem Thema: „Reklame und Medien lenken (*distract*) uns von den Problemen des Lebens ab. Richtig oder falsch?"

10 Der Mensch und die Medien

Fernsehprogramm: „Sonntag, 26. Februar"

Was meinen Sie? Fragen zur Diskussion

1. Betrachten Sie das Programm. Wie informiert man sich über Nachrichten und Filme?
2. Wieviele Sportprogramme gibt es an diesem Tag?
3. Möchten Sie lieber „Tatort. Verdeckte Ermittlung" (1. Programm, 20:15) oder „Das verlorene Wochenende" (Hessen 3, 21:55) sehen? Welcher Film könnte interessanter sein? Warum?

Fernsehprogramm

Lesen Sie das Programm durch—versuchen Sie, es ohne Worterklärungen zu verstehen! Das erste Programm heißt „ARD" (Arbeitsgemeinschaft der Rundfunkanstalten Deutschlands), das zweite heißt „ZDF" (Zweites deutsches Fernsehen). Hinzu kommen die regionalen Programme im dritten Kanal (Südwest, Hessen, Bayern und andere).

SONNTAG, 26. FEBRUAR

1. PROGRAMM

9.25 Programmvorschau
9.55 **Design**
Mode und Accessoires:
Karl Lagerfeld
10.45 **Die Sendung mit der Maus**
11.15 **Ein Soldat und ein Verweigerer**
Begegnung auf zwei Wegen
Fernsehfilm
12.00 **Der Internationale Frühschoppen**
12.45 **Tagesschau**
mit Wochenspiegel
13.15 **Windmühlen**
Film von Knut Fischer
und Peter Kaiser
14.00 **Magazin der Woche**
Eine Regionalumschau
14.30 **Die Besucher (9)**
43 Grad Fieber
(Kinderprogramm)
15.00 **SOS – Gletscherpilot**
Schweizer. Spielfilm (1958)
Regie: Victor Vicas
16.30 **Ein Tag in der schönen neuen Welt der Heimcomputer**
Film von Otto C. Honegger
17.30 **ARD-Ratgeber: Geld**
18.15 **Wir über uns**
18.20 **Tagesschau**
18.23 **Die Sportschau**
19.20 **Weltspiegel**
Auslandsberichte
20.00 **Tagesschau**
20.15 **Tatort**
Verdeckte Ermittlung
Kriminalfilm

Die fünfzehnjährige Tochter der Wilbrandts ist entführt worden. Ihre Eltern sollen 300 000 Mark an die Entführer zahlen. Kommissar Lutz (Werner Schumacher) versucht, Frau Wilbrandt (Nate Seids) zu beruhigen.

21.55 **Die Kriminalpolizei rät**
Hinweise zur Verhinderung
von Straftaten
22.00 **Tagesschau**
22.05 **USA heute**
Korrespondenten berichten
live
22.50 **Die Tragödie der Carmen**
Film von Peter Brook
nach der Oper von Bizet
Die eigenwillige Version von
Peter Brooks „Carmen" gilt
als Theaterereignis höchsten
Ranges.
0.15 **Tagesschau**

2. PROGRAMM

9.15 **Katholischer Gottesdienst**
10.00 **ZDF – Ihr Programm**
10.30 **ZDF-Matinee**
Über die Entdeckung der
Maya-Kultur und eine Kalendernotiz von Hans Kasper
12.00 **Das Sonntagskonzert**
California Melody (3)
12.45 **Freizeit**
Zirkusträume u. a.
13.10 **Chronik der Woche**
Fragen zur Zeit
13.35 **Daten-Schatten (3)**
Sorgsame Obacht
14.05 **Rappelkiste**
Haralds Abenteuer
Der Schlüssel
Trickfilm
14.35 **Heute**
14.40 ⊙ **Die Fledermaus (Wh)**
Operette von Johann Strauß
Mit Gundula Janowitz,
Renate Holm,
Wolfgang Windgassen u. a.
Wiener Philharmoniker
Musikal. Leitung: Karl Böhm
Regie: Otto Schenk
17.00 **Heute**
17.02 **Die Sport-Reportage**
18.00 **Tagebuch**
Aus der evangelischen Welt
18.15 **Die Erfindung des Monsieur Chambarcaud**
Fernsehreihe in vier Teilen
1. Die Maschine
18.58 **ZDF – Ihr Programm**
19.00 **Heute**
19.10 **Bonner Perspektiven**
19.30 **Bilder aus Europa**
O Straßburg, o Straßburg,
du wunderschöne Stadt . . .
20.15 **Lauter nette Leute**
Sechs Geschichten
Mit Theo Lingen, Edith
Hancke, Judy Winter u. a.

Die amüsanten und unterhaltenden Geschichten passen gut in die Karnevalszeit. Hier schweben Otto Schenk (links) und Helmuth Lohner „Auf den Flügeln des Gesanges".

21.15 **Heute – Sport am Sonntag**
21.30 **Lebenslinien (3)**
Elisabeth – Die Erde versinkt
Filmtrilogie von Käthe Kratz
23.10 **„Hier ist Musik drin . . ."**
Espelkamp – von der
Munitionsfabrik zur
modernen Stadt
23.40 **Heute**
Brief aus der Provinz
Elbmarschen

3. PROGRAMM

SÜDWEST 3

16.00 Sehen statt hören. 16.30 Für Gastarbeiter. 17.30 Clown & Co.: Füße und Beine. 18.00 Tier-Report. Über den Umgang mit Hunden. 18.45 Die Tiersprechstunde. 19.00 Janosik, Held der Berge (3). Polnische Abenteuerserie. 19.50 Prominenz in Renitenz. Unterhaltungen mit Elmar Gunsch. Einmal im Monat lädt der Süddeutsche Rundfunk Prominente, die sich gerade in Stuttgart aufhalten, ins Renitenztheater zur Unterhaltung beim Aperitif. 21.05 Europäische Nationalparks. Schweden. 21.50 Sport im Dritten (nur Baden-Württ.; bis 22.25).

HESSEN 3

16.00 Sehen statt hören. 16.30 Für Gastarbeiter. 17.30 Thirty minutes. CBS im Dritten. 18.00 Reisewege zur Kunst: Österreich Donauabwärts von Linz bis Krems. 18.45 Briefmarken, nicht nur für Sammler. 19.00 Wer hat die Bürokratie erfunden? (8). Immer mehr Spezialisten. 19.30 Der Sportkalender. 20.15 Grappelli in Wien. Zum „Faschingskonzert der ORF-Sinfonietta" wurde der legendäre französische Jazzgeiger Stephane Grappelli nach Wien eingeladen. 21.15 Drei aktuell Telegramm. 21.20 Autoreport. 21.25 Elternstammtisch. Französisch direkt. Sprachkurse für Beruf und Praxis in Frankreich. 21.55 ◼ Das verlorene Wochenende. Amerik. Spielfilm (1945). Mit Ray Milland, Jane Wyman. Regie: Billy Wilder (bis 23.35).

BAYERN 3

18.00 Aus Schwaben und Altbayern; Frankenschau. 18.30 Taschenbuch-Telegramme. 18.45 Rundschau. 19.00 Unter unserem Himmel. Damals . . . In Ebern. 20.00 Monaco Franze, der ewige Stenz (5). 20.50 Topographie: Bauen und Bewahren. 21.15 Durch Land und Zeit. 21.20 Rundschau. 21.35 Auslandsreporter: Odessa. 22.05 ◼ Der Golem, wie er in die Welt kam. Deutscher Spielfilm (1920). Mit Paul Wegener. 23.35 ◼ Sie töteten das Pferd. Pakistanischer Dokumentarfilm. 0.05 Rundschau.

ÖSTERREICH/SCHWEIZ

ÖSTERREICH 1: 19.30 Zeit im Bild. 19.50 Sport. 20.15 Mayerling. Ballett von MacMillan. 22.15 Schalom. 22.20 Sport. 23.10 Nachrichten.
ÖSTERREICH 2: 20.15 Tatort. Verdeckte Ermittlung. 21.55 Dynasty. 22.40 Eine kleine Nachtmusik. 23.40 Hundert Meisterwerke. 23.50 Nachrichten.
SCHWEIZ: 17.00 Sport aktuell. 17.45 Gschichte-Chischte. 17.55 Tagesschau. 18.00 Tatsachen und Meinungen. 18.45 Sport. 19.30 Tagesschau. 19.45 Resultate. Eidgenöss. Abstimmungen. 20.15 Motel (8). Schweizer Fernsehserie. 20.40 Science-fiction-Film. Flucht in die Zukunft. 22.30 Tagesschau. 22.40 Neu im Kino. 22.50 Beethoven: Klavierkonzert Nr. 3 c-Moll. 23.30 Tatsachen und Meinungen (Wh). 0.15 Tagesschau.

Übungen

A **Zum Inhalt.**

1. Besprechen Sie mit der ganzen Klasse: welche Sendungen und Titel kennen Sie schon? Bei welchen können Sie sich ungefähr denken, um was es sich handelt? Welche sind Ihnen völlig unklar?
2. Die Nachrichten heißen in den beiden großen Programmen „Tagesschau" und „Heute". Zu welchen Tageszeiten werden Nachrichten gesendet?
3. Wovon handelt der Kriminalfilm „Tatort"?
4. Was bringt die Sendung „Lauter nette Leute"?
5. Welche Operette konnte man am 26. Februar sehen?
6. Wenn man in Hessen wohnt und etwas Französisch lernen möchte, wann soll man den Fernseher anschalten?
7. Welchen Film konnte man in Bayern um 22:05 sehen?
8. Welcher Film wurde in der Schweiz um 20:40 gesendet?

B Stellen Sie ein Programm für die „Tagesschau" oder „Heute" zusammen. Erinnern Sie sich noch, was Sie heute im Radio oder Fernsehen gehört oder in der Zeitung gelesen haben?

C **Diskussionsthema.** Teilen Sie sich in vier Gruppen. Die erste Gruppe möchte um 20:15 im ersten Kanal „Tatort" sehen. Die zweite Gruppe möchte um dieselbe Zeit im zweiten Programm „Lauter nette Leute" sehen. Die dritte Gruppe möchte im hessischen Kanal des 3. Programms den Jazzgeiger Grappelli erleben. Die vierte Gruppe möchte überhaupt nicht fernsehen, sondern aus Tolstois Roman „Krieg und Frieden" vorlesen. Wie lösen Sie das?

D **Meinungsumfrage.** Welches der beiden Programme (1. oder 2.) finden Sie interessanter? Warum? Schreiben Sie einen kurzen Bericht.

Wer beherrscht wen?

„TV für Kinder?"

...

Was meinen Sie? Fragen zur Diskussion

1. Wieviele Stunden Fernsehen am Tag würden Sie Ihren Kindern erlauben?
2. Macht Fernsehen junge Menschen besser oder schlechter?
3. Glauben Sie, daß viele Menschen heute nicht genug miteinander sprechen, weil sie so lange fernsehen? Wie könnte man das ändern? Was sollte man noch tun, anstatt fernzusehen?

TV für Kinder?

programs

Zuviel Fernsehen macht Kinder nervös. Aber welche Sendungen° soll man ihnen erlauben? Pädagoge Hans Spilker vom audiovisuellen Zentrum Hildesheim rät:

check-marks
together

• Die Kinder im Lesealter dürfen Kreuzchen° in die Programmzeitung machen. Gemeinsam° mit den Eltern wird entschieden, was sehenswert ist.

TV screen
limited
cartoons

• Die Zeit vor der Mattscheibe° darf sich mit dem Alter verlängern, soll aber auf wenige Sendungen pro Woche beschränkt° werden. Variieren Sie die Art der Sendung, mal Zeichentrick,° mal „echt" (z.B. Tierfilme).

broadcast / entertainment programs

• Wählen Sie Sendungen, die sinnvoll erscheinen; nicht nur solche, die im „Kinderprogramm" ausgestrahlt° werden. Unterhaltungssendungen° wie „Der große Preis" bieten häufig mehr als so wirklichkeitsfremde Serien wie „Lassie".

• Schauen Sie mit Ihrem Kind zusammen fern, sprechen Sie über Gesehenes.

• Filme nach literarischen Stoffen wie „Heidi" regen Kinder zum Lesen an.

record

• Wer ein Video-Gerät hat, sollte gute Programme aufnehmen.° Wiederholtes Anschauen schadet nicht.

aus *Meine Familie und ich,* Oktober 1982, S. 153.

...

Ausdrücke und Redewendungen

etwas wird gemeinsam entschieden   something is agreed upon by everyone
etwas darf sich verlängern   something can be extended
wirklichkeitsfremd   unreal, literally 'foreign to reality'
etwas regt zum ... an   something inspires you to do something else

10 Der Mensch und die Medien

Übungen

A **Zum Inhalt.** Alles verstanden?

1. An wen richtet sich diese Beratung?
2. Wie viele Tips werden geboten?
3. Welche davon halten Sie für sinnvoll? Welche für nicht sinnvoll?
4. Wie soll eine Familie sich die Fernsehsendungen aussuchen?
5. Welche Sendungen empfiehlt der Bericht besonders?
6. Was soll man mit einem Video-Gerät machen?
7. Von wem stammen die Ratschläge in diesem Bericht?
8. Warum soll man bei Kindern die Zeit vor dem Fernsehen beschränken?

B **Zum Inhalt.** Schreiben Sie in eigenen Worten, was den Eltern empfohlen wird.

C **Gruppenarbeit.** Teilen Sie sich in zwei Gruppen und vertreten Sie die Thesen:

1. Fernsehen macht Menschen nervös und soll auf wenige Stunden beschränkt werden.
2. Aus dem Fernsehen kann man viel lernen: Kinder dürfen zuschauen, soviel sie wollen.

"Sind Videospiele für Kinder gefährlich?"

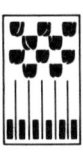

Was meinen Sie? Fragen zur Diskussion

1. Warum sind Videospiele gut/schlecht für die Phantasie von Kindern?
2. Welche Videospiele würden Sie Ihren Kindern geben / nicht geben?
3. Spielen Sie Videospiele? Welche? Warum?

Sind Videospiele für Kinder gefährlich?

Wir fragten den Spielpädagogen Ulrich Baer, Akademie für Pädagogik in Remscheid, über das Für und Wider.

Wer Videospiele (auch Telespiele genannt) im Haus hat, weiß, welch magische Anziehungskraft ihr Flimmern° und Gepiepse° auf Kinder ausübt. Aber nicht nur wegen der ständig wechselnden optischen und akustischen Reize harren° Knirpse° oft stundenlang am Bildschirm aus. Telespiele sind sehr spannend, sie verlangen blitzschnelle Reaktionen, Geschicklichkeit, und sie belohnen natürlich ihren Spielpartner. Denn ganz gleich, ob auf der Flimmerscheibe Raumschiffe vor Raketen oder Fliegen vor Fröschen fliehen sollen, das Gefühl, Herr des Apparats zu sein, wenn er den richtigen Knopf oder Hebel genau im richtigen Moment bewegt, steigert das Selbstwertgefühl des Spielers.

Maximal 2 Stunden pro Tag

Falls Ihr Sproß° auf Dauer das „Telespielen" allen anderen Tätigkeiten vorzieht, über mehrere Wochen täglich länger als 2 Stunden einsam vor der Spielkonsole sitzt und immer wieder die gleichen Abläufe mit dem Steuerknüppel („Joystick") vollzieht, können ernste Verhaltensstörungen° die Folge sein:

- Die Phantasie läßt nach.
- Das Kind gewöhnt sich ein aggressives und destruktives Verhalten an, es glaubt, Konflikte nur mit Gewalt lösen zu können.
- Es verlernt die Fähigkeit, seine Gefühle zu äußern.

Mit Erfolgsrezepten können Eltern Gefahren vorbeugen,° ohne jedoch die Elektronik ganz aus dem Kinderzimmer zu verbannen: Achten Sie immer darauf, daß sich Junior an ein Zeitlimit hält—am besten mitspielen! Sorgen Sie für regelmäßigen Ausgleich durch andere Spielarten, wie z.B. das Toben° mit Freunden im Freien oder Spiele im Familienkreis.

Suchen Sie die Videospiele sorgfältig aus, mit denen sich Ihr Kind beschäftigt. Denn es gibt erzieherisch wertvolle!

flickering / bleeping

endure / little fellows

offspring

behavioral problems

guard against

romping

Kaufhilfe

Aus der Sicht eines Spielpädagogen sind folgende Tele- und Computerspiele für Familien empfehlenswert.
Telespiele: *(Von Atari, zu Preisen zwischen ca. 80 und 170 DM, Basisgerät extra, ca. 300 DM.) „PacMan", ab 6 Jahren. „Dig Dug", ab 6 J. „Miner 2049", ab 8-10 J. „Decatholon", friedlicher Sportwettkampf à la Olympia, ab ca. 8-10 J.*
Computerspiele: *(Preise zwischen ca. 40 und 120 DM pro Programm, Basisgerät ab ca. 600.) „Trains" (Spinnaker), ab ca. 12 Jahren. „The Dallas Quest" (Data Soft/Teldec), ab ca. 9 J. „Kuala Pad" (Kuala Co.), Malschule für die ganz Kleinen. Auch Logo-Sprachkurse und Musikprogramme von allen Firmen finden großen Anklang.*

aus *Meine Familie und ich*, November 1984, S. 99.

Welche Telespiele sind gut?

Fast alle Telespiele fallen in eine dieser drei Kategorien:

1. Action-Spiele: Männchen lenken, ausweichen,° zielen, feuern, mit Waffengewalt vernichten—das sind die Spielinhalte. Außer schnellen Reaktionen wird kaum was vom Spieler verlangt.°

2. Geschicklichkeits-Spiele: Nicht so schnell, dafür aber gut überlegt werden Figuren durch Labyrinthe gelotst und Autos über Hindernisstrecken. In diese Sparte° gehören auch Sportspiele, wie z.B. Golf, Bildschirmfußball usw.

3. Kombinations- und Denk-Spiele: Ausrechnen, raten, strategisch manövrieren—der Spieler wird ständig herausgefordert,° wie z.B. bei Schach.

Pädagogen empfehlen den Eltern, vor der Kaufentscheidung probezuspielen,° selber zu beurteilen, was am besten zu ihrem Kind paßt. Bei Arten der 2. und 3. Kategorie— also Spielen, die Vielseitigkeit for-

dodge

demanded

category

challenged

to test

dern, dem Spieler aktive Eingriffsmöglichkeiten bieten, machen sie kaum was falsch. Reine „Abschieß"°-Spiele, bei denen man nicht denken, sondern schnell reagieren muß, sind nicht nur von dem moralischen Standpunkt aus verwerflich,° sondern bloß kurzzeitig faszinierend, also auch herausgeworfenes Geld.

"shoot them"

objectionable

Falls ein Basisgerät für elektronische Spiele angeschafft° werden soll, raten Experten, lieber tiefer in die Geldbörse zu greifen und gleich einen universell verwendbaren Mini-Heimcomputer mit Tastatur° zu erwerben. Damit kann man selber Spiele entwerfen.°

purchased

keyboard

design

aus *Meine Familie und ich,* November 1984, S. 99.

...

Ausdrücke und Redewendungen

für und wider   pro and con
ganz gleich   it makes absolutely no difference
Herr (+ *Gen.*) **sein**   to be master of
auf die Dauer   in the long run
etwas falsch (richtig) machen   to do something incorrectly (right)
von dem Standpunkt aus   from the point of view
tiefer in die Geldbörse greifen   to pay a little more
Anklang (*Akk.*) **finden**   to be popular

Übungen

A   Zum Inhalt. Setzen Sie die richtigen Wörter ein.

mit Gewalt
Ausgleich
Verhaltensstörungen
eine bestimmte Zeit
belohnen

eine magische Anziehungskraft
erhöhen
die Phantasie
etwas mehr Geld
stundenlang

1. Videospiele haben _____.
2. Kinder sitzen oft _____ vor den Bildschirmen.
3. Telespiele verlangen nicht nur blitzschnelle Reaktion, sondern sie _____ auch ihren Spielpartner.
4. Videospiele _____ das Selbstwertgefühl des Spielers.
5. Telespielen kann _____ zur Folge haben.
6. Manche Telespiele geben Kindern den Eindruck, daß Konflikte _____ gelöst werden können.
7. Es besteht die Gefahr, daß durch Telespiele _____ negativ beeinflußt wird.
8. Eltern sollten darauf achten, daß Kinder nur für _____ vor der Spielkonsole sitzen.
9. Es sollte auch dafür gesorgt werden, daß Kindern durch andere Spiele _____ geboten wird.
10. Experten sind der Meinung, daß man gleich _____ ausgeben und sich einen Heimcomputer kaufen soll.

B **Gruppenarbeit.** Spielen Sie Rollen:

1. Pretend you are a salesperson and you are trying to sell a videogame to a parent. Which type would you recommend? Why? Give current prices and names.
2. Pretend you are a psychologist; explain the advantages and disadvantages of the various videogames.
3. Pretend you are a parent; you are establishing some rules for your children as to when they can play videogames and which types you prefer them to use. Give your reasons.

C **Gruppenarbeit.** Diskussionsthema:

Discuss with your neighbor the effect of home computers on people's lives. What are their positive uses? What could be seen as detrimental?

D **Meinungsumfrage.**

1. Welche Art von Telespiel finden Sie besonders gut?
2. Wie viele Stunden sitzen Sie pro Woche vor einer Spielkonsole?
3. Wer von Ihnen hat ein Telespiel zu Hause?
4. Wer von Ihnen hat einen Heimcomputer?

Wer beherrscht wen?

„Geographie der Schlachtfelder"

Was meinen Sie? Fragen zur Diskussion

1. Glauben Sie, daß die meisten Menschen nicht genug über andere Länder wissen? Warum?
2. Mehr Information über andere Völker und Kulturen ist nützlich als Hilfe für den Frieden und gegen Krieg und Terrorismus. Richtig oder falsch?
3. Wie könnte man nach Ihrer Meinung den Terrorismus am besten (a) verhindern und (b) bekämpfen?

Geographie der Schlachtfelder

Peter Bichsel

Den Schweizer Autor Peter Bichsel kennen Sie schon vom Text „Wie hast du's mit Amerika?" in Kapitel 5. Wie schon angemerkt, schreibt Bichsel gern nicht nur über die Schweiz, sondern über die gesamte Weltpolitik. In diesem Text beschreibt Bichsel den Umstand, daß vielen Menschen die geographische und demographische Lage anderer Länder erst dann klar wird, wenn diese Länder die Aufmerksamkeit der internationalen Nachrichten auf sich lenken. Allzu oft geschieht das durch Krieg, Terrorismus oder andere Gewaltakte. Bichsels Vorschlag ist einfach und zugleich utopisch: man müßte das Informationsnetz der Medien nutzen, um über alle Länder der Welt zu informieren, bevor sie durch Katastrophen bekannt werden.

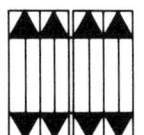

Ich habe die Geschichte mehrmals gehört und gelesen, bevor sie mir selbst passierte, und Sie werden sie kennen.

Der Taxifahrer in New York fragt nach meiner Nationalität, und als ich ihm sage, daß ich Schweizer sei, sagt er, er habe eine Schwester in Stockholm. Stockholm sei in Schweden, sage ich. Das wisse er, sagt er. Schweden und die Schweiz seien nicht dasselbe und lägen weit auseinander, sage ich. Das wisse er, sagt er, aber er habe eine Schwester in Schweden und ich käme doch aus der Schweiz und das sei doch in Schweden. Mein Englisch reicht nicht aus.° Höflich formuliert er für mich und liest aus meinem hilflosen Gesicht, daß es sich umgekehrt verhalten müsse, daß also nicht die Schweiz in Schweden, sondern Schweden in der Schweiz liege. Ich erinnere mich an die Erzählungen von sprachbegabteren° Schweizern und ihre entsprechenden° hoffnungslosen Versuche und beschränke mich darauf, zu sagen, daß es nicht ganz so sei oder daß es so ähnlich sei, und habe dabei den Eindruck, daß er an meiner Nationalität zweifelt.

is inadequate

linguistically more talented
similar

129

10 Der Mensch und die Medien

Die Geiseln der Baader-Meinhof Gruppe sind am 18. Oktober 1977 in Sumalia gelandet.

locating difficulties

just someplace

imaginable

familiar

revolting

Immerhin, ich habe auch Taxifahrer angetroffen, die trotz geographischer Einordnungsschwierigkeiten° etwas mehr über die Schweiz wußten: Fondue, Banken, Uhren, und damit wußte er schon wesentlich mehr als ich über ein afrikanisches Land: ich weiß nichts über Gabun, Zaïre, Sambia, Obervolta, ich weiß nicht, was dort produziert wird, ich weiß nicht, wo sie liegen — halt eben° in Afrika; ein Land, von dem ich erstmals in der Sonntagsschule hörte, und dann gab es früher auch Kulturfilme, die man schon vor sechzehn besuchen durfte, und die Afrikaner waren schwarz und nackt.

Ich empfinde es als eigenartig, wenn mein Taxifahrer die Schweiz nicht geographisch präzis einordnen kann, und dabei ist es absolut vorstellbar,° daß ich einem Menschen aus Obervolta sagen würde, daß ich auch jemanden kenne in Kenya und daß er sagen würde, das sei nicht dasselbe, und ich ihm antworten würde, das wisse ich, aber — usw. usw.

Selbst die Namen der afrikanischen Staaten sind mir nicht geläufig° — ich bin ein Geographieidiot und kriege das einfach nie in meinen Kopf. Ich habe die Länder, die ich hier wahllos aufgeschrieben habe, von einer Weltkarte, die ich mir letzte Woche gekauft habe.

Ich habe die Weltkarte gekauft, weil ich wissen wollte, wo denn die Südmolukker[1] leben. Ich suchte auf der Karte Indonesien, stellte dabei fest, daß die Philippinen etwas anderes sind als Indonesien, und war von der Lage von Neuseeland recht eigentlich überrascht, dann auch überrascht, daß ich die Heimat der Molukker fand, und überrascht davon, daß die Heimat der Molukker eben auch Molukken heißt.

Ohne ihren scheußlichen° Terrorakt[2] hätte ich wohl nie von ihnen erfahren. Ich weiß zwar noch heute sehr wenig über sie, und ihre ehemalige Heimat auf der Karte zu finden ist nicht viel, aber offensichtlich kann man mich nur mit Gewalt und Ge-

Wer beherrscht wen?

waltakten dazu bringen, mich für die Geographie zu interessieren: ich kenne die geographische Lage von Korea, von Vietnam, von Israel, Jordanien.³

Terrorismus ist zu einem Informationsmittel geworden. Da kann man noch und noch behaupten, daß Terroristen ihrem Anliegen° nur schaden und sich die Antipathie der Welt einhandeln — gehaßt werden ist immer noch mehr als unbekannt oder vergessen sein.

Ich frage mich, ob ich durch meine Unkenntnisse in Geographie nicht irgendwie mitschuldig bin am Terrorismus, denn wenn Terrorismus ein Mittel der Information ist, dann dient es ja dazu, die Uninformierten zu informieren, und ich bin ein Uninformierter.

Nun ist es leicht, mir Vorwürfe zu machen. Ich hätte mich wirklich informieren können — es besteht kein Grund, stolz darauf zu sein, keine Ahnung von Geographie zu haben. Den Südmolukkern — das weiß ich — geht es nicht um Geographie, sondern um Politik — und ich habe inzwischen auch in der Zeitung nachgelesen, um was es geht, und zweifle an der politischen Berechtigung° ihrer Forderung,° aber ich habe nach wie vor keine Ahnung.

Ich bin auch — und ich hoffe, meine Beteuerung° ist unnötig — gegen Terrorismus.⁴ Ich finde auch die Bekämpfung des Terrorismus, von der man inzwischen weltweit spricht, nötig, aber ich glaube, wenn man den Terrorismus bekämpft und nicht seine Ursachen,° dann ist es wirklich hoffnungslos, und ich glaube, daß Terrorismus dann entsteht,° wenn unser Informationssystem versagt.°

Über die Sorgen von Israel bin ich vor zwanzig Jahren bereits orientiert worden, und ich nehme die Sorgen von Israel ernst. Über die Terrorakte der Palästiner⁵ hatte und habe ich eine große Wut° — aber ohne diese scheußlichen Akte hätte ich von ihren Problemen nie erfahren, weil keine Zeitung und kein Fernsehen bereit gewesen wäre, darüber zu orientieren.

Ich muß es wiederholen, ich bin gegen Terrorismus — kein vernünftiger Mensch kann dafür sein —, aber wie schafft man es, mir auf dem konventionellen Informationsweg etwas beizubringen?

Ich stelle mir vor, ein Komitee für die südmolukkische Befreiung hätte mir vor einem halben Jahr eine ausführliche° Dokumentation über ihre Sorgen zugeschickt. Ich hätte sie — nur — vielleicht — überflogen,° festgestellt, daß das ein Problem ist von Leuten, die bereits in der zweiten Generation in Holland⁶ leben, festgestellt, daß da wohl nicht viel drinliegt,° und das Ganze sehr schnell weggeschmissen. Eine solche Dokumentation hätte mich wohl nicht veranlaßt,° eine Weltkarte zu kaufen.

Ich zweifle nach wie vor an dem Anliegen der Südmolukker, und ich möchte unsern Massenmedien nicht den billigen Vorwurf machen, sie hätten diesen Terrorakt damit verursacht,° daß sie sich den Südmolukkern nicht als Informationsmittel zur Verfügung gestellt haben — wie sollten sie auf die Idee kommen?

Aber so kommen halt dann die andern auf die Idee, zu informieren, und sie können wählen zwischen unerwünschter gewaltfreier Information und zwischen unerwünschter gewalttätiger Information. Die zweite, das ist nicht zu bestreiten, ist erfolgreicher.

Es gibt zwar ein Rezept° dagegen: Man sollte über Gewaltakte nicht mehr berichten° — aber das schaffen wir nicht, und es wäre auch falsch.

Und ebensowenig ist es möglich, einer Minderheit jederzeit weltweit das Fernsehen zur Verfügung zu stellen. Ich beharre° darauf, daß es sich beim Terrorismus um ein Informationsproblem handelt, sehe aber ein, daß es nicht leicht ist oder gar unmöglich, diese friedliche und gewaltlose Information zu gewährleisten.°

Also ist mein Vorschlag, Terrorismus mit Information zu verhindern, nutzlos.

131

10 Der Mensch und die Medien

Also haben wir uns damit abzufinden, daß unsere Geographie eine Geographie der Schlachtfelder bleibt, wie sie etwa unsere Väter aus dem Zweiten Weltkrieg bezogen° haben oder wir alle aus der Schweizergeschichte.

°*derived*

[...]

Jedenfalls bin ich überzeugt, daß man mit Information Terrorismus verhindern kann. Ich bin auch überzeugt, daß das schon geschehen ist, und ich hoffe, daß das vermehrt geschieht.

Wer Information verhindert, davon bin ich überzeugt, kann unter Umständen Menschenleben gefährden.

...

Übrigens...

1. South Moluccans; the Molucca (Spice) Islands had been controlled by the Dutch from 1667 until World War II. They lie in the Southwest Pacific Ocean and are part of Indonesia.

2. On May 23, 1977, two groups of professional South Moluccan terrorists seized 50 persons on a hijacked train and 105 children and teachers in an elementary school near the northern Dutch town of Groningen. They wanted to focus attention on their demand that Holland help their home islands gain independence from Indonesia, a former Dutch colony. They threatened to kill the hostages by May 25 if the Dutch government did not comply. The government refused all demands. When a virus infection swept through the school, the children were released, but 55 hostages were still held. Dutch marines finally assaulted the train and the school on June 11: six of the 13 terrorists and two hostages were killed, and several injured.

3. These are some of the most notorious scenes of armed conflict since the Second World War.

4. In the 1970s, the entire Western European continent (and the United States) was subjected to a resurgence of terrorist acts. Almost no nation was left untouched, and many terrorist acts and campaigns continued into the 1980s. Terrorism became a common way for small groups to make their demands heard—possibly the most infamous group was the Baader-Meinhof organization in Germany. Virtually every important writer in Europe took a vociferous stand on the subject of terrorism.

5. That is, the terrorist acts of the Palestine Liberation Organization.

6. In other words, South Moluccan emigrants to the Netherlands have already been there for two generations.

Ausdrücke und Redewendungen

etwas wahllos aufschreiben to write something down at random
ich stellte dabei fest, daß... while doing so, I determined that...
man kann noch und noch behaupten you can say as often as you want
sich etwas einhandeln to bargain for something
mitschuldig sein an etwas (*Dat.*) to be an accomplice to something, share guilt in something
nach wie vor *literally:* "now as then," still
  ich habe nach wie vor keine Ahnung I still don't have any idea
wir haben uns damit abzufinden we have to resign ourselves

Übungen

A **Zum Inhalt.** If you were to write a summary of the preceding text, which of the following statements would apply?

1. Der Text handelt vom Terrorismus.
2. Das wirkliche Thema hier ist Geographie.
3. Bichsel will zeigen, daß Amerikaner die Weltgeographie nicht kennen.
4. Bichsel nimmt Stellung gegen das Anliegen der Südmolukker.
5. Kleine Länder können nur durch Gewalt die Aufmerksamkeit der Medien gewinnen.
6. Man soll froh sein, daß es Kriege gibt, sonst würde man nie etwas über andere Länder lernen.
7. Information könnte Terrorismus verhindern.
8. Terrorismus verhindert Information.

B **Zum Inhalt.** In welcher Reihenfolge müssen die Satzteile sein? (Die Sätze stammen direkt aus dem Text.)

1. das einfach
ein Geographieidiot
in meinen Kopf.
Ich bin
und kriege
nicht

2. immer noch mehr
Gehaßt werden
vergessen sein.
ist
als unbekannt oder

3. dafür sein.
gegen Terrorismus—
kann
Ich muß es wiederholen,
kein vernünftiger Mensch
ich bin

4. mit Information
nutzlos.
Terrorismus
Also ist
mein Vorschlag,
zu verhindern,

5. sage ich.
seien nicht dasselbe
weit auseinander,
Schweden und die Schweiz
und lägen

6. damit abzufinden,
Schlachtfelder
daß unsere Geographie
Also haben wir uns
eine Geographie der
bleibt.

C **Gruppenarbeit.** Stellen Sie an der Tafel eine Liste der politischen Ereignisse auf, durch die Sie plötzlich auf ein Land, seine Geographie und Politik aufmerksam wurden.

LAND   EREIGNIS   UNGEFÄHRES DATUM

D **Rollenspiel.** Spielen Sie die Rollen des Taxifahrers und des Touristen. Der Taxifahrer verwechselt die Heimat des Touristen mit einem gleichklingenden oder ähnlichen Namen. Der Tourist versucht, ihm seinen Fehler klarzumachen.

Beispiele: Frankfurt / Frankreich
▶ Beirut / Bayreuth
▶ Island / Irland

- Bern / Berlin
- Tübingen / Thüringen

E Stimmt's oder stimmt's nicht? Diskutieren Sie in Gruppen.

Nehmen Sie zu den grundlegenden Gedanken Bichsels Stellung (siehe unten). Sind sie richtig? Oder können sie anders gesehen werden? Was könnte getan werden, um die Situation zu ändern?

Wir lernen am allerbesten über andere Länder durch die Nachrichten. Die Nachrichten berichten natürlich immer ausführlich, wenn etwas Schreckliches oder Gewalttätiges passiert. Gewalttätige Information ist erfolgreicher als gewaltfreie Information. Wenn also eine kleine, unbekannte Gruppe bekannt werden will, kann sie das durch Terrorakte schnell erreichen.

Darum: sind die Medien, vor allem das Nachrichtensystem, irgendwie mitschuldig am Terrorismus.

Darum: könnte vielleicht Terrorismus durch ein anderes Informationssystem verhindert werden, z.B. durch eine Weltöffentlichkeit, die bereit wäre, sich vorher *besser über alle Länder zu informieren.*

Important Strong and Irregular Weak Verbs and Modal Auxiliaries

Infinitive	Present	Past	Past Participle
backen (*to bake*)	bäckt	backte (buk)	gebacken
befehlen (*to command*)	befiehlt	befahl	befohlen
beginnen (*to begin*)		begann	begonnen
begraben (*to bury*)	begräbt	begrub	begraben
beißen (*to bite*)		biß	gebissen
betrügen (*to deceive*)		betrog	betrogen
beweisen (*to prove*)		bewies	bewiesen
bewerben (*to apply*)	bewirbt	bewarb	beworben
biegen (*to bend*)		bog	gebogen
bieten (*to offer*)		bot	geboten
binden (*to bind*)		band	gebunden
bitten (*to request*)		bat	gebeten
blasen (*to blow*)	bläst	blies	geblasen
bleiben (*to remain*)		blieb	ist geblieben
braten (*to fry*)	brät	briet	gebraten
brechen (*to break*)	bricht	brach	gebrochen
brennen (*to burn*)		brannte	gebrannt
bringen (*to bring*)		brachte	gebracht
denken (*to think*)		dachte	gedacht
dürfen (*to be allowed*)	darf	durfte	gedurft
eindringen (*to penetrate*)		drang ein	ist eingedrungen
empfehlen (*to recommend*)	empfiehlt	empfahl	empfohlen
entscheiden (*to decide*)		entschied	entschieden
entweichen (*to escape*)		entwich	ist entwichen
erschrecken (*to frighten*)	erschrickt	erschrak	ist erschrocken
essen (*to eat*)	ißt	aß	gegessen
fahren (*to drive*)	fährt	fuhr	ist gefahren
fallen (*to fall*)	fällt	fiel	ist gefallen
fangen (*to catch*)	fängt	fing	gefangen
finden (*to find*)		fand	gefunden
fliegen (*to fly*)		flog	ist geflogen
fliehen (*to flee*)		floh	ist geflohen
fließen (*to flow*)		floß	ist geflossen
fressen (*to eat*)	frißt	fraß	gefressen
frieren (*to freeze*)		fror	gefroren
gebären (*to give birth*)	gebiert	gebar	geboren
geben (*to give*)	gibt	gab	gegeben

Important Strong and Irregular Weak Verbs and Modal Auxiliaries

Infinitive	Present	Past	Past Participle
gedeihen (*to thrive*)		gedieh	ist gediehen
gehen (*to walk*)		ging	ist gegangen
gelingen (*to succeed*)		gelang	ist gelungen
gelten (*to be worth*)	gilt	galt	gegolten
genießen (*to enjoy*)		genoß	genossen
geschehen (*to occur*)	geschieht	geschah	ist geschehen
gewinnen (*to win, gain*)		gewann	gewonnen
gießen (*to pour*)		goß	gegossen
gleichen (*to resemble*)		glich	geglichen
gleiten (*to glide*)		glitt	ist geglitten
graben (*to dig*)	gräbt	grub	gegraben
greifen (*to seize*)		griff	gegriffen
haben (*to have*)	hat	hatte	gehabt
halten (*to hold*)	hält	hielt	gehalten
hängen (*to hang*)		hing	gehangen
hauen (*to spank*)		haute (hieb)	gehauen
heben (*to lift*)		hob	gehoben
heißen (*to be called*)		hieß	geheißen
helfen (*to help*)	hilft	half	geholfen
kennen (*to know*)		kannte	gekannt
klingen (*to sound*)		klang	geklungen
kommen (*to come*)		kam	ist gekommen
können (*to be able*)	kann	konnte	gekonnt
kriechen (*to crawl*)		kroch	ist gekrochen
laden (*to load*)	lädt	lud	geladen
lassen (*to let*)	läßt	ließ	gelassen
laufen (*to run*)	läuft	lief	ist gelaufen
leiden (*to suffer*)		litt	gelitten
leihen (*to lend*)		lieh	geliehen
lesen (*to read*)	liest	las	gelesen
liegen (*to lie*)		lag	gelegen
lügen (*to tell a lie*)		log	gelogen
messen (*to measure*)	mißt	maß	gemessen
mißlingen (*to fail*)		mißlang	ist mißlungen
mögen (*to like, like to*)	mag/möchte	mochte	gemocht
müssen (*to have to*)	muß	mußte	gemußt
nehmen (*to take*)	nimmt	nahm	genommen
nennen (*to name*)		nannte	genannt
pfeifen (*to whistle*)	pfeift	pfiff	gepfiffen
preisen (*praise*)		pries	gepriesen
raten (*to advise; guess*)	rät	riet	geraten
reiben (*to rub*)		rieb	gerieben

Important Strong and Irregular Weak Verbs and Modal Auxiliaries

Infinitive	Present	Past	Past Participle
reißen (*to tear*)		riß	ist gerissen
reiten (*to ride*)		ritt	ist geritten
rennen (*to run*)		rannte	ist gerannt
riechen (*to smell*)		roch	gerochen
ringen (*to wrestle*)		rang	gerungen
rufen (*to call*)		rief	gerufen
saufen (*to drink*)	säuft	soff	gesoffen
saugen (*to suck*)		sog	gesogen
schaffen (*to create*)		schuf	geschaffen
scheinen (*to seem; shine*)		schien	geschienen
schieben (*to push*)		schob	geschoben
schießen (*to shoot*)		schoß	geschossen
schlafen (*to sleep*)	schläft	schlief	geschlafen
schlagen (*to beat*)	schlägt	schlug	geschlagen
schleichen (*to sneak*)		schlich	ist geschlichen
schließen (*to close*)		schloß	geschlossen
schmeißen (*to fling*)		schmiß	geschmissen
schmelzen (*to melt*)	schmilzt	schmolz	ist geschmolzen
schneiden (*to cut*)		schnitt	geschnitten
schreiben (*to write*)		schrieb	geschrieben
schreien (*to cry*)		schrie	geschrien
schweigen (*to be silent*)		schwieg	geschwiegen
schwimmen (*to swim*)		schwamm	ist geschwommen
schwören (*to swear an oath*)		schwur	geschworen
sehen (*to see*)	sieht	sah	gesehen
sein (*to be*)	ist	war	ist gewesen
singen (*to sing*)		sang	gesungen
sinken (*to sink*)		sank	ist gesunken
sitzen (*to sit*)		saß	gesessen
sollen (*to ought to*)	soll	sollte	gesollt
spinnen (*to spin*)		spann	gesponnen
sprechen (*to speak*)	spricht	sprach	gesprochen
sprießen (*to sprout*)		sproß	ist gesprossen
springen (*to jump*)		sprang	ist gesprungen
stechen (*to sting*)	sticht	stach	gestochen
stehen (*to stand*)		stand	gestanden
stehlen (*to steal*)	stiehlt	stahl	gestohlen
steigen (*to climb*)		stieg	ist gestiegen
sterben (*to die*)	stirbt	starb	ist gestorben
stinken (*to stink*)		stank	gestunken
stoßen (*to push*)	stößt	stieß	gestoßen
streichen (*to stroke; spread*)		strich	gestrichen
streiten (*to quarrel*)		stritt	gestritten
tragen (*to carry*)	trägt	trug	getragen
treffen (*to hit; meet*)	trifft	traf	getroffen
treiben (*to drive*)		trieb	getrieben
treten (*to step; kick*)	tritt	trat	getreten

Important Strong and Irregular Weak Verbs and Modal Auxiliaries

Infinitive	Present	Past	Past Participle
trinken (*to drink*)		trank	getrunken
tun (*to do*)		tat	getan
verbergen (*to hide*)	verbirgt	verbarg	verborgen
verderben (*to spoil*)	verdirbt	verdarb	verdorben
vergessen (*to forget*)	vergißt	vergaß	vergessen
verlieren (*to lose*)		verlor	verloren
vermeiden (*to avoid*)		vermied	vermieden
verschwinden (*to disappear*)		verschwand	ist verschwunden
verzeihen (*to forgive*)		verzieh	verziehen
wachsen (*to grow*)	wächst	wuchs	ist gewachsen
waschen (*to wash*)	wäscht	wusch	gewaschen
wenden (*to turn*)		wandte/wendete	gewandt
werben (*to advertise*)	wirbt	warb	geworben
werden (*to become*)	wird	wurde	ist geworden
werfen (*to throw*)	wirft	warf	geworfen
wiegen (*to weigh*)		wog	gewogen
winden (*to wind*)		wand	gewunden
wissen (*to know*)	weiß	wußte	gewußt
wollen (*to want*)	will	wollte	gewollt
ziehen (*to pull*)		zog	gezogen
zwingen (*to compel*)		zwang	gezwungen

Vokabular

In the following vocabulary list, a ▸ indicates a strong verb. (For a complete set of tenses see the chart of strong and irregular weak verbs on pp. 135–138.) Verbs with separable prefixes are identified as follows: **ab·geben**.

German nouns that exist in both masculine and feminine forms are listed in the masculine form, followed by a slash and the female form: **der Arzt, ˑe / die Ärztin, -nen**.

Numbers after entries indicate the chapter in which a word first occurs.

A

das Abendbrot supper 9
der Abendhauch breath of evening 6
die Abendruh evening's peace 6
die Abfahrt departure 6
der Abfall, ˑe trash 5
▸ **sich ab·finden (mit etwas)** to resign oneself (to something) 10
das Abgas, -e pollution; exhaust gases 6
▸ **ab·geben** to deliver, turn in 9
der/die Abgeordnete, -n member of parliament 4
der Abgrund, ˑe abyss 6
▸ **sich ab·heben** to stand out 6
ab·klemmen to disconnect 2
der Ablauf, ˑe sequence 10
der Ablaufplan, ˑe schedule 7
die Ablehnung, -en repudiation 6
ab·lösen to take the place of 3
abqualifiziert dismissed 1
ab·schalten to turn off 2
der Abschied, -e parting 5
▸ **ab·schießen** to shoot down 10

der Abschluß, ˑsse conclusion 1
die Abschlußarbeit, -en graduation project 7
das Abschlußfest, -e graduation ball 2
der Abschnitt, -e period; section 4
ab·setzen to sell 5
die Absicht, -en intention 7
absolvieren to complete 3
ab·sondern to set apart 8
ab·stäuben to flick the ash off a cigarette 6
ab·stimmen auf (+Akk.) to coordinate with (someone/something) 8
ab·tasten to touch 9
abträglich harmful 6
▸ **ab·weichen** to deviate 8
▸ **ab·weisen** to reject 8
abwesend absent 4
ab·wetzen to wear smooth 9
sich ab·zeichnen to be observable, become apparent; to stand out 5
die Achsel, -n armpit 7
achten auf (+Akk.) to pay attention to 1
▸ **acht·geben auf (+Akk.)** to look after; to be careful 7
der Acker, ˑ field 6

der Ackergaul, ˑe farm horse 6
adrett neat 6
ähneln (+Dat.) to look like (someone/something) 9
die Akte, -n file 1
alleinerziehend with sole custody of 1
der/die Alleinerziehende, -n single parent 1
der/die Alleinstehende, -n single person 9
allenthalben everywhere 8
allerdings to be sure 1
allerhöchstens at the very most; at the latest 5
allgemeinbildend providing a general education 8
der Alltag everyday life 2
der Alte, -n old man (father) 1
der Älteste, -n oldest (one) 1
das Altfränkische Old-Franconian 8
die Ampel, -n traffic light 9
an·brüllen to yell at 1
sich ändern to change 9
an·deuten to indicate; to mention 1
aneinander vorbei·reden to talk past, talk over the heads of one another 6

139

Vokabular

die Anerkennung recognition 3
der Anfang, ⸚ beginning 4
die Anforderung, -en demand 7
das Angebinde, - gift 5
angelehnt ajar 2
angemessen appropriate 3
angenehm pleasant 4
das Angesicht, -er face, countenance (*form.*) 8
angesichts in the face of 10
angewiesen sein auf (+Akk.) to depend on 5
sich an·gewöhnen to get used to 10
▸ **an·greifen** to attack 5
angrenzend bordering 4
die Angst, ⸚e fear 2
der Anhänger, - trailer 9
der Anklang approval 10
an·kleben to stick on 6
das Ankleiden act of getting dressed 4
die Ankunft arrival 5
die Anlage, -n talent 8
die Anleitung, -en direction 8
das Anliegen, - cause 10
die Anpflanzung, -en planting 5
an·regen to inspire 8
an·schaffen to purchase 10
an·schalten to turn on 10
an·schauen to view, look at 5
die Ansicht, -en view; opinion 6
der Anspruch, ⸚e right, claim (to something) 3
anspruchsvoll hard to please, demanding 3
der Anteil, -e portion 1

▸ **an·tun** to inflict something on someone 1
antworten to answer 1
antwortlos without an answer 6
an·wenden to apply 7
an·winkeln to bend 9
▸ **an·ziehen** to put on, don 1
die Anziehungskraft, ⸚e appeal 10
das Arbeitskollektiv, -e work collective 7
der Arbeitsplatz, ⸚e place of work 7
die Arbeitsstelle, -n place of work
der Ärger annoyance, irritation 2
der/die Arme, -n poor person 5
die Armut poverty 3
die Art, -en kind, sort of 5
die Asche, -n ash 6
das Aschenbrödel Cinderella 2
der Ast, ⸚e (tree) branch 5
das Attentat, -e assassination 4
▸ **auf·binden: jemandem etwas auf·binden** to pull someone's leg 4
▸ **auf·fallen (+Dat.)** to be noticeable, conspicuous (to someone) 6
auffällig conspicuous 9
auf·flattern to flutter up 9
auf·fordern to challenge 6
die Aufforderung, -en challenge 6
die Aufführung, -en performance 8
die Aufgabe, -n task 4
der (Dat.) Aufgabe genügen to fulfill the task 4

aufgeklärt cleared 6
aufgeweicht softened 9
auf·hören to cease, stop 1
der Aufkleber, - sticker 6
auf·machen to open 5
die Aufmerksamkeit, -en thoughtfulness, attentiveness 5
▸ **auf·nehmen** to record 10
auf·passen to watch out 2
die Aufregung excitement, agitation 1
die Aufrüstung armament 6
▸ **auf·schlagen** to set up 5
▸ **auf·schreien** to yell out 1
▸ **auf·stoßen** to belch, burp 7; to push open 7
auf·suchen to visit someone/something 8
der Auftrag, ⸚e task, job 9
auf·türmen to pile up 9
▸ **auf·weisen** to show 4
die Aufwendung, -en expenditure 4
▸ **auf·ziehen** to raise 1
das Auge, -n eye 2
der Augenblick, -e moment 2
das Augenlicht sight 5
das Augenmerk attention 7
die Ausbildung education 3
ausdauernd persistent, tenacious; with endurance 1
der Ausdruck, ⸚e expression 2
aus·drücken express 6
auseinander apart 9
auseinandergespreizt sprawled 9
sich auseinander·setzen (mit etwas) to have a good look at, take issue (with something) 1

140

außen outside 9
der Außenminister, - foreign minister 4
außerordentlich extraordinary 4
▸ **aus·fahren** to drive out 4
ausführlich thorough 10
ausgeglichen compensated; balanced 4
▸ **aus·gehen** to go out 4
ausgelöscht obliterated 6
ausgemergelt haggard 4
das Auskommen livelihood 3
das Ausland foreign country 4
aus·liefern an (+Akk.) to turn over to the mercy of (someone/something) 3
aus·pflanzen to transplant 5
die Ausrede, -n excuse 6
aus·reichen to be adequate 10
aus·schlüpfen to hatch 7
▸ **aus·schreiten** to step out 9
aus·sortieren to sort out 7
aus·sperren to bar; to ostracize 9
▸ **aus·sprechen** to express 4; to say 5
der Ausspruch, -̈e saying 4
aus·statten to furnish 6
das Ausstoßen ostracism 3
aus·strahlen to broadcast 10
aus·üben to practice 8
aus·wählen to choose, select 3
▸ **aus·weichen (+Dat.)** to elude, dodge (someone/something) 9
die Auswirkung, -en repercussion, effect 4
sich aus·zahlen to make a profit 9
aus·zeichnen to excel 2
die Ausziehtusche, -n drawing ink, India ink 9

B

das Babytuch, -̈er baby blanket 1
die Backe, -n cheek 1
der Backenzahn, -̈e molar 2
die Badehose, -n swimming trunks 1
baden to bathe, go swimming 1
die Bahn, -en course 4
der Bahnhof, -̈e railway station 6
die Bahre, -n bier 5
bald soon 7
ballen to clench 9
der Balkon, -s balcony 9
das Band, -̈er ribbon 5
die Bank, -̈e bench 1
bärtig bearded 1
die Baskenmütze, -n beret 9
der Bauer, -n farmer 5
die Baukunst, -̈e architecture 8
die Baumwolle cotton 1
der Bauschutt building, construction rubble 9
die Baustelle, -n construction site 9
beantragen to apply for 1
bedauern to pity 1
bedeckt covered 5
bedeuten to mean 1
die Bedeutung, -en meaning 4
die Bedingung, -en condition 8
die Bedrohung, -en threat 6
das Bedürfnis, -se need 4

beeinflussen to influence 5
die Beendigung completion 7
befähigt competent 7
die Befähigung, -en ability, competence 3
sich befassen (mit etwas) to examine, work with (something) 6
sich befehden to carry on a feud 4
befehlen to order, command 6
das Befinden (state of) health 4
befürworten to approve of and support 3
begabt talented 9
begegnen to meet, run into 2
begehren to desire 8
der Begleiter, - / die Begleiterin, -nen companion 3
▸ **begraben** to bury 4
▸ **begreifen** to comprehend 3
der Begriff, -e concept 3
begründen to give reasons for, justify 7
behäbig heavyset 7
behaglich cozy 7; comfortable 8
behalten to keep 1
beharren auf to insist on 10
behaupten to claim, state 5
beherbergen to take in 1
beherrschen to dominate 10; to have command of (a language) 3
sich beherrschen to control oneself 5
behüten to protect, shelter 4
▸ **bei·bringen** to teach a person something 1

Vokabular

beiläufig casually 5
das Bein, -e leg 2
beinahe almost 4
beiseite aside 7
das Beispiel, -e example 1
beispielhaft exemplary 8
beispielsweise for example 7
der Beistand support, assistance 5
▸ **bei·stehen (+Dat.)** to stand by (someone) 5
▸ **bei·tragen zu** to contribute to 6
bekannt known 3
der/die Bekannte, -n acquaintance 1
bekehren to persuade, convert 9
▸ **sich bekennen** to profess loyalty 3
▸ **bekommen** to obtain 1
belachen to laugh at 6
belanglos meaningless 2
belauern to watch suspiciously, spy on 9
belügen to lie to a person 6
bemäkeln to criticize 4
bemerken to notice 1
das Bemühen, - effort 2
sich bemühen to attempt 6
die Bemühung, -en effort 4
benachteiligen to put at a disadvantage 8
benutzen to use 2
beobachten to observe 1
die Beratung, -en advice 10
berechtigt entitled, justified 1
die Berechtigung, -en justification 10
der Bereich, -e area 3
bereit ready 5
bereits already 4

die Bereitschaft readiness 6
▸ **sich bergen** to hide 6
berichten to report 10
berücksichtigen to take into account 8
▸ **berufen** to appoint 7
die Berufsausbildung, -en job training 7
die Berufstätigkeit employment 7
berufsvorbereitend prevocational 3
die Berufung, -en calling, vocation 8
beruhigen to calm 4
berühmt famous 3
berühren to touch 5
der/die Beschenkte, -n person receiving a present 5
▸ **beschließen** to decide 1
beschränken to restrict, limit 8
sich beschränken auf (+Akk.) to be limited to (something) 8
beschränkt narrow-minded 2
▸ **beschreiben** to describe 2
beschuldigen (+Akk.) to accuse 1
▸ **sich besinnen auf (+Akk.)** to call (something) to mind 9
der Besitzer, -/die Besitzerin, -nen owner 6
besonders especially 7
der Bestand, ̈e stock; timber stand 5
beständig constant 2
der Bestandteil, -e component 4
bestärkt reinforced 4
▸ **bestehen** to pass 7
bestimmen to determine, decide 2
die Bestimmung, -en destiny, fate 8

bestricken to charm 4
bestürzt aghast 3
besuchen to visit 2
beteiligen to involve 7
die Beteuerung, -en avowal 10
der Beton concrete 9
die Betonlandschaft, -en concrete landscape 9
das Betonmonster, - concrete monster 9
betont stressed 4
betreffen: was mich betrifft as far as I am concerned
betreuen to care for 4
die Betreuung care 3
der Betrieb, -e business 3
betriebseigen company-owned 4
die Betroffenen (Pl.) those involved 1
die Betrübnis dejection 9
betrunken drunk 9
das Bett, -en bed 1
sich beugen to bend 7
die Beute catch, bag (of game) 6
sich bewähren to prove oneself 7
die Bewältigung mastering 8
die Bewegung, -en movement 3
beweint wept for 1
▸ **sich bewerben um** to apply for 8
der Bewerber, -/die Bewerberin, -nen applicant 8
bewohnen to live in, occupy 4
bewundern to admire 4
bewußt consciously 7
das Bewußtsein awareness 4
die Bezeichnung, -en designation 5

der Bezirk, -e district 9
das Bild, -er image 8
die Bildfläche, -n screen 6
die Bildröhre, -n picture tube (TV) 2
der Bildschirm, -e TV screen 10
bildschön very beautiful, pretty as a picture 2
die Bildung, -en education, training 7
die Birne, -n light bulb 2
der Bissen, - bite 7
die Bitte, -n request, prayer 6
▸ **blasen** to blow 8
blasiert blasé 2
blättern to leaf through 6
die Blechflasche, -n tin flask 7
das Blechgeschirr tin cups, dishes 9
▸ **bleiben** to stay, remain 4
▸ **(er-)bleichen** to pale, blanch 7
bleiern leaden 6
blendend splendid 1
blicklos sightless 6
der/die Blinde, -n blind person 5
blindlings blindly 1
blöd stupid 7
der Blütensegen, - shower of blossoms 8
das Bodenlose bottomless space 6
bongen to ring up on the register 9
der Bordstein, -e curb 9
das Böse evil 4
der Boxkampf, ¨e boxing match 4
▸ **brach·liegen** to lie fallow 6
▸ **brechen** to fracture, break 5
der Brei, -e mush 9
breiten to spread 6
breitgedrückt flat-looking 6
der Brösel, - crumb 7

die Brothälfte, -n bread half 7
die Brotrinde, -n breadcrust 7
der Bruch, ¨e breakage, break 7
die Brücke, -n bridge 6
die Brühe, -n broth 9
brüllen to yell 6
brummen to growl 1
der Brunnen, - well, fountain 8
die Brust, ¨e breast; chest 5
der Bub, -en boy 6
das Buch, ¨er book 6
der Buchhalter, -/die Buchhalterin, -nen bookkeeper 6
die Büchse, -n gun 6
die Bühne, -n stage 4
der Bundeswettbewerb, -e federal competition 8
die Burg, -en castle 4
der Bürger, -/die Bürgerin, -nen citizen 9
die Bürgerinitiative, -n citizens' initiative 9
das Büro, -s office 6
das Butterbrotpapier, -e wax paper (*for buttered bread*) 7
die BZ: Berliner Zeitung 4

C

die Charakterlosigkeit absence of character 4
die Christbaumkultur, -en Christmas tree farm 5
der Christbaummarkt, ¨e Christmas tree market 5

D

das Dach, ¨er roof 2
damalig then, of that time 8
damals then 3

die Dame, -n lady 6
daheim at home 5
der Dämmer dimness, twilight 7
die Dämm(e)rung twilight 6
das Darlehen, - loan 3
das Dasein existence 8
die Daseinsform, -en form of existence 3
dazu·gehören to belong to (it or them) 7
der Deckel, - cover 2
demzufolge therefore 4
▸ **denken** to think 3
das Denkmal, ¨er monument, memorial 4
derzeit at present 1
deswegen because of 1
die Devisen (*Pl.*) foreign currency 4
der Dichter, -/die Dichterin, -nen poet, author 4
die Dichtkunst poetic art 8
dick big, large 2
dickbreiig thick 6
dienen to serve 4
der Dienst, -e service 5
die Diplomarbeit, -en thesis 7
diskutieren to discuss 1
die Distel, -n thistle 9
die Doppelnatur, -en split, double temperament 8
das Dorf, ¨er village 9
der Dorfbewohner, -/die Dorfbewohnerin, -nen villager 9
der Dorfbote, -n village courier 9
der Dörfler, - villager 9
die Dorfschule, -n village school 3
Dr. med. M. D. 7
drängen to push, shove 9
▸ **drauf·gehen** to disappear, go down the drain 9

draußen outside 2
drehen to turn 1
▸ **dringen** to push 8
drinnen inside 2
das Drittel, - third 1
das Druckerzeugnis, -se printed matter 4
dumpf dull 3
die Dunkelheit darkness 5
durchaus indeed 9
durcheinander gebracht scrambled 4
durch·führen to carry through, accomplish 4
durchschauen to see through 4
▸ **sich durch·schlagen** to struggle through 5
der Durchschnitt average 5
durchsichtig transparent 4
durchwirken to interlace 8
dürr arid 8
düster gloomy 9
das Dutzend, -e dozen 2

E

eben simply, just 1
ebenfalls also 4
ebensosehr just as much 6
Ecke: biegt ums Eck, um die Ecke turns around the corner 6
eh (*Umg.*) anyway 1
ehemalig former 5
die Ehescheidung, -en divorce 1
die Eheschließung, -en marriage 1
das Ei, -er egg 1
eigen own 1
eigenartig strange, peculiar 5
eigenhändig with one's own hands 4

das Eigenheim, -e one's own home 1
die Eigentümlichkeit, -en peculiarity 8
sich eignen zu/für (etwas) to be suitable for (some purpose) 1
die Eignung, -en aptitude 7
▸ **ein·beziehen** to incorporate 8
der Eindruck, ̈e impression 5
das Einerlei one and the same thing 6
einfältig simpleminded 9
ein·fassen to set (jewelry) 9
▸ **sich ein·finden** to come as agreed 4
der Einfluß, ̈sse influence 3
eingehend thorough 4
eingeholt caught up 6
die Einheit, -en uniformity 3; unity 4
der Einheitsstaat, -en centralized state 4
ein·klemmen to wedge in 9
▸ **ein·nehmen** to eat 4; to fill (a position) 7
die Einrichtung, -en institution 3; facility 9
eins mit sich sein to be at harmony with oneself 3
die Einsamkeit loneliness 9
der Einsatz, ̈e employment, usage 7
einschläfern to lull, put to sleep 4
ein·schrauben to screw in 2
einseitig one-sided 4
die Einsicht insight 5
▸ **ein·treffen** to come true 6
▸ **ein·treten** to occur 10

die Einweihung, -en dedication 9
der Einwohner, -/die Einwohnerin, -nen resident 9
einzig unique, only 8
einzigartig unparalleled 9
eitel vain 6
der Elefant, -en elephant 2
das Elend misery 3
die Eltern (*Pl.*) parents 1
der Elternteil, -e parent 1
empfindlich sensitive 2
endgültig final 1
endlich finally 2
eng narrow 6
engagiert politically involved 5
die Engen (*Pl.*) narrow roads 6
entblößt bare 3
die Entfernung, -en distance 1
▸ **entgehen (+*Dat.*)** to escape (someone/something) 6
entgegen toward 6
▸ **entgegen·kommen** to come toward 6
das Entgelt compensation 4
▸ **enthalten** to contain 3
die Entkräftung, -en impotence; exhaustion 4
entlang along 2
entschärfen to neutralize 4
entscheiden to decide 5
▸ **sich entschließen** to decide, make up one's mind 1
entsetzlich dreadful 1
▸ **entschwinden** to elude 6
sich entspannen to relax 9

entsprechend appropriate 4; correspondingly, accordingly 10
▶ **entstehen** to come into being 8
die Enttäuschung, -en disappointment 1
▶ **entwerfen** to design 10
entwesen to dissolve 6
entwickeln to develop 3
die Entwicklung, -en development 1
der Entwicklungsstand, ¨-e point of development 7
▶ **sich·entziehen** (+*Dat.*) to avoid, withdraw (from someone/something) 1
die Equipage, -n carriage 4
das Erbe inheritance 4
erdrücken to smother 6
das Ereignis, -se event 3
erfahren to find out 5
erfahren experienced 7
erfassen to grasp 4
das Erfolgsrezept, -e recipe for success 10
erforderlich necessary 8
▶ **erfrieren** to freeze to death 6
das Ergebnis, -se result 1
die Ergebung humility, resignation 3
▶ **ergreifen** to take (sides) 3
▶ **erhalten** to receive 3
erheblich substantial 3
erhöhen to increase 1
erinnern an (+*Akk.*) to remind 2
die Erinnerung, -en memory 2
erklären to state, explain 1
erklärend explanatory 1
erkunden to explore 9
▶ **erlassen** to waive 4
erlauben to allow 10

erleben to experience 3
erloschen extinguished 8
▶ **erlöschen** to go out (*fire, light*) 8
▶ **ermessen** to gauge, estimate 3
ermorden to murder 4
ernähren to feed 7
erneut anew, again 1
ernst serious 3
ernsthaft serious 7
erscheinen to appear 4
▶ **erschließen** to open up 8
erschöpfen to exhaust 9
das Erstaunen amazement 1
erstrebenswert desirable 6
▶ **sich (etwas) erstreiten** to win (something) in court 1
erteilen to give 8
erwachsen grown up 1
der/die Erwachsene, -n adult 2
erwarten to expect 4
erwecken to awaken 8
erweitern to expand 7
erwidern to reply 1
erzählen to tell 1
erzeugen to generate, produce 3
▶ **erziehen** to raise (children) 1
die Erziehung, -en upbringing 3
die Evangelienbärte (*Pl.*) "gospel beards" 9
die Exkremente (*Pl.*) excrements 9

F

die Fachleute (*Pl.*) experts 5
der Fachschulabsolvent, -en/die Fachschulabsolventin, -nen graduate of a trade school 7

fachübergreifend interdisciplinary 8
die Fähigkeit, -en skill, ability 7
das Fahrrad, ¨-er bicycle 1
die Fahrspur, -en traffic lane 4
die Fahrt, -en drive 6
der Fall, ¨-e case 8
▶ **fallen** to fall 5
fällen to cut down 5
der Familienforscher, -/die Familienforscherin, -nen specialist, researcher in family dynamics 1
farblos colorless 6
faszinierend fascinating 2
die Faust, ¨-e fist 2
fehlen to be missing 1
der Feind, -e enemy 4
das Feld, -er field 6
der Fels, -en rock 10
das Fenster, - window 2
die Feriengestaltung, -en vacation planning 3
fern distant 6
die Fernsehantenne, -n TV antenna 9
der Fernsehempfänger, - TV receiver 2
das Fernsehen TV 2
▶ **fern·sehen** to watch TV 2
das Fernsehmännchen, - TV cartoon figure 6
der Fernsehschirm, -e TV screen 2
fesseln to fascinate 4
fest·stellen to conclude 1
feucht damp 9
die Feuchtigkeit moisture 7
das Fieber fever 2
finster dark 6
die Finsternis darkness 5
flach flat 7
die Flagge, -n flag 5
die Fliege, -n fly 7

Vokabular

▸ **fliegen** to fly 2
▸ **fließen** to flow 2
das Fließband, -̈er conveyor belt 6
das Flimmern flickering 10
die Flucht, -en escape 1
flüchten to flee 7
flüchtig briefly 9
das Flugblatt, -̈er flyer 9
der Flügel, - wing 8
das Flugfeld, -er airport 6
das Flugzeug, -e airplane 5
flüstern to whisper 1
die Folge, -n result 6
folgen (+Dat.) to obey (someone) 9
folgend following 1
der Folterknecht, -e tormentor 3
die Forderung, -en demand 10
fördern to assist 3
die Förderung, -en support 7
der Förderungsvertrag, -̈e sponsorship agreement 7
die Forschung, -en research 3
das Forstgesetz, -e federal forest law 5
die Frage, -n question 2
fragwürdig questionable 4
der Frauenanteil, -e percentage of women 7
die Frauenpolitik feminist policy 7
die Freiheit, -en freedom 3
die Freizeit free time 2
die Freizeitgestaltung, -en recreational activity 3
fremd strange 2
die Fremde foreign parts, abroad 5

der Fremdling, -e stranger 6
die Freud': Freude, -n joy 8
freundlich friendly 1
die Freundlichkeit friendliness 5
die Frische coolness 7
fröhlich happy 5
der Frosch, -̈e frog 10
frösteln to shiver 9
das Frühjahr spring 3
das Frühstück, -e breakfast 1
frühstücken to eat breakfast 1
das Fuder Heu cartload of hay 6
die Führung, -en leadership, guidance, direction 4
das Fuhrwerk, -e horse-drawn vehicle 6
die Fülle wealth, abundance 8
die Funktion, -en position 7
die Furcht, -̈e fear 3
furchtbar terrible 6
der Fürst, -en/die Fürstin, -nen prince(ss) 4
der Fußgänger, -/die Fußgängerin, -nen pedestrian 6
futsch (Umg.) a mess; a total loss 1
füttern to feed 4

G

gäbs: gäbe es if there was/were 6
der Gang gait, way of walking 9
die Gängelung, -en demand 3
ganz whole 1
gänzlich totally 9
die Gardine, -n curtain 9

der Garten, -̈ garden 1
das Gartenbassin, -s garden swimming pool 1
der Gärtner, -/die Gärtnerin, -nen gardener 5
das Gebiet, -e area 2
das Gebirge, - mountains 2
geboren born 2
die Geborgenheit security 3
geborsten burst 6
gebrochen broken 5
der Geburtstag, -e birthday 2
die Gedärme (Pl.) intestines 6
das Gedicht, -e poem 5
die Geduld patience 6
die Gefahr, -en peril 4
die Gefährdung, -en risk 6
das Gefälle, - steep hill 6
▸ **gefallen (+Dat.)** to like 2
gefälligst if you please 10
das Gefilde (poet.) fields 6
die Gefriertruhe, -n deep freezer 9
das Gefühl, -e feeling 2
gefüttert lined 2
gegeneinander against each other 9
der Gegensatz, -̈e contrast 4
gegenüber opposite 1
die Gegenwart present 8
gehören to belong 1
der Geist intellect 4
die Geisterstadt, -̈e ghost town 9
die Geistesleistung, -en intellectual feat 3
geistig intellectual 4
geistig-kulturell intellectual-cultural 3
das Geländer, - railing 6

gelangen to reach 8
gelangweilt bored 2
geläufig familiar 3
gelegentlich occasional 1
geleiten to accompany 5
▸ **gelingen** to succeed 2
▸ **gelten** to be considered as 3
gemein coarse, vulgar 9
gemeinsam together 10
gemeldet reported 6
das Gemüsebeet, -e vegetable patch 1
das Gemüt, -er soul 8
genauso in the same manner 1
der Generalstreik, -s general strike 4
genial ingenious 8
genug enough 3
das Gepiepse bleeping 10
gerade straight 5
geradezu outright 5
der Gerätewagen, - tool car 7
das Gericht, -e court (of law) 1
gering little, small 7
▸ **geschehen** to happen 2
die Geschichte, -n story 2; history 4
das Geschick, -e fate 6
geschickt nimble, clever, handy 5
das Geschirr dishes 1
geschmacklos tasteless 4
das Geschoß, -sse rocket, projectile 6
geschweige not to mention 3
der Geselle, -n good fellow 8
die Gesellschaft, -en company 2
gesellschaftlich social 3
das Gesicht, -er face 2

die Gesinnung, -en mentality, way of thinking; fundamental attitude 8
das Gespräch, -e talk, conversation
das Gestalten creation 8
die Geste, -n gesture 5
der Gestellungsbefehl, -e draft notice 6
das Gestirn, -e planet 6
das Gesuch, -e formal request 8
das Getöse uproar 1
getrost peacefully 6
das Getue acting 2
geübt well-versed 1
gewähren to guarantee; to grant 3
gewährleisten to ensure 3
die Gewalt, -en force 10
gewaltig powerful 6
die Gewalttat, -en act of violence 4
gewalttätig violent 10
die Gewerkschaft, -en union 7
▸ **gewinnen** to win (over) 9
gewiß certain 5
das Gewissen conscience 4
der Gewissensentscheid, -e decision of conscience 6
gewöhnlich normal, ordinary 9
das Gewölk clouds 4
gezielt purposeful 7
die Gier yearning 6
gierig greedy 6
der Gießbach, ¨-e mountain torrent 6
der Giftstoff, -e poison 5
der Gipfel, - mountain top, summit 8
der Gipfelpunkt, -e mountain peak 6
glänzend shining 8
der Glaube religion 9

glauben to believe 2
die Glaubensspaltung, -en reformation 4
gleich (+Dat.) similar to (something/someone) 8
gleichberechtigt having equal rights 7
die Gleichberechtigung equality 7
gleicherweise equally 4
die Gleichgültigkeit indifference 4
gleichermaßen equally 1
gleichmäßig uniform, regular 2
das Gleis, -e track 2
▸ **gleiten** to glide 2
das Glied, -er limb 5
glorreich glorious 4
glücklich happy 1
glühend fervent 2
der Glühfaden, ¨- filament 2
die Götze, -n false god, idol 6
▸ **sich graben in** to dig into 7
die Granate, -n grenade 6
grau gray 9
das Grauen horror 3
graugewaschen washed gray 9
grausig horrible 6
das Gremium, -en committee 3
die Grenze, -n border 4
der Grenzwert, -e limit 5
das Grillen barbecue 1
die Grippe flu 2
der Grossist, -en/die Grossistin, -nen wholesaler 5
die Großstadt, ¨-e metropolis 1
der Großvater, ¨- grandfather 1
das Grün greenery 9

Vokabular

Grund: im Grunde in fact, basically 3
die Grundkosten (*Pl.*) basic costs 3
grundlegend fundamental 3
▸ **groß·ziehen** to raise (children) 1
die Gunst good will 8
günstig advantageous 8

H

haarig off color (joke) 2
der Haarschopf, ⸚e tuft, shock of hair 7
die Hacke, -n pickax; hoe 7
der Hahn, ⸚e faucet 7
der Halbedelstein, -e semiprecious stone 9
die Hälfte, -n half 7
der Halm, -e straw; stalk 5
das Halstuch, ⸚er neck scarf 4
halt (*Umg.*) just, simply 1
halt eben just 10
die Haltung, -en (proper) attitude 4
die Hand, ⸚e hand 1
der Handel, ⸚ business 5
handeln to bargain 5
handeln von to deal with 2
die Handfläche, -n palm 7
der Händler, -/die Händlerin, -nen dealer 5
der Handteller, - palm 3
der Hang, ⸚e slope 6
hängend hanging 9
hantieren to play around 3
harren to endure 10
hassen to hate 6
das Haßlied, -er hate song 6
der Hauch, -e breath 8

hauen to beat, strike 3
sich häufen to pile up 6
die Hauptfigur, -en main character 2
der Hauptgrund, ⸚e main reason 1
der Hausarzt, ⸚e/die Hausärztin, -nen family physician 4
der Hausflur, -e hallway 3
der Haushalt, -e household 1
häuslich domestic 1
das Haustor, -e (house) gate, portal 9
die Haut, ⸚e skin 6
die Hecke, -n hedge 9
die Heide, -n meadow, heath 8
das Heidenröslein, - wild rose 8
heilsam salutary; beneficial 6
die Heimat homeland 4
die Heirat, -en marriage 5
die Heiterkeit cheerfulness 3
heizen to heat 2
das Hemd, -en shirt 1
herab·setzen to belittle 4
sich heran·wälzen to surge forth 6
▸ **heraus·bekommen** to find out 6
heraus·fordern to challenge 10
herausfordernd challenging 4
▸ **heraus·hängen** to hang out 9
herbei·führen to bring about 7
her·stellen to make, manufacture 2
die Herkunft origin 5
die Herrlichkeit magnificence 8
▸ **herum·schreien** to yell about 9

herum·schrubben to wash ("scrub around") 1
herum·trampeln to trample, stomp around 1
herunter·kurbeln to roll down (a window) 9
das Herz, -en heart 2
das Heu hay 2
heulen to cry 1
heutzutage nowadays 3
hie: hier here 9
hierzulande in these parts 1
▸ **hindurch·schießen** to shoot through 2
hinein·geheimnissen to read secrets into 6
sich hinein·kratzen in (+*Akk.*) to scrape, dig into (something) 5
▸ **hin·fallen** to fall 2
hinken to limp 4
hin·knallen to fall down with a bang 1
die Hinsicht: in jeder Hinsicht in every respect 9
der Hintern, - bottom, backside, behind 3
die Hitze heat 2
das Hochdeutsch High German 3
hochgeschlagen turned up 9
das Hochhaus, ⸚er skyscraper 2
der Hochschulabsolvent, -en/die Hochschulabsolventin, -nen university graduate 7
der Hochschuldozent, -en/die Hochschuldozentin, -nen assistant professor 1
der Hochschullehrer, -/die Hochschullehrerin, -nen university (college) teacher 7
die Hochzeit, -en wedding 5
der Hof, ⸚e court 8

hoffen to hope 8
die Hoffnungslosigkeit hopelessness 4
der Hofsänger, -/die Hofsängerin, -nen court singer 8
die Höhe, -n height 2
höher higher 7
der Höhepunkt, -e highest point 3
hold (*poet.*) lovely 6
holen to get, fetch 1
die Holzpantine, -n clogs 1
das Hörspiel, -e radio play 9
die Hose, -n pants 2
huckepack piggyback 1
die Hüftentuberkulose hip tuberculosis 4
die Hülle, -n protective cloak, cover 6
der Hund, -e dog 6
huschen to dart 9
die Hütte, -n hut 6

I

immer always 1
das Individuum, -duen individual 3
die Industrieländer (*Pl.*) industrialized countries 1
der Industriezweig, -e branch of industry 7
die Informationsstelle, -n information 9
inner inside 9
initiieren to initiate 9
inwiefern in what manner 6
irgendwann sometime 5

J

die Jagd, -en hunt 6
jagen to hunt 6
der Jägermond, -e hunter's moon 6
jäh suddenly 9
jahrelang for years 4
das Jahrhundert, -e century 8
jährlich yearly 1
jahrzentelang lasting for decades 2
der Jammer misery 6
jedenfalls anyway 5
jedwede any and every 8
jemand someone 2
das Jugendamt, ¨-er youth welfare office 1
der/die Jugendliche, -n juvenile 1
der Jungbaum, ¨-e young tree 5
jungverheiratet newlywed 7

K

kahl empty 9
der Kaiser, -/die Kaiserin, -nen emperor, empress 8
die Kanone, -n canon 6
die Kapelle, -n band 4
der Kapellmeister, -/die Kapellmeisterin, -nen conductor 8
kaputt broken 1
der Käse, - cheese 9
der Kassierer, -/die Kassiererin, -nen cashier 9
die Katze, -n cat 1
kauen to chew 7
das Kaufverhalten consumer behavior 5
kaum hardly 3
kaum je hardly ever 4
▸ **kennen** to know 4
das Kettenglied, -er (chain) link 9
der Kiefer, - jaw 7
der Kies gravel 4
der Kiesel, - pebble 7
das Kind, -er child 1
das Kinderkino, -s children's cinema 9

kindisch childish 2
der Kinderwagen, - baby carriage 1
die Kirche, -n church 8
der Kirschkern, -e cherry pit 2
der Kittel, - smock 4
der Klafter, - cord (of wood) 9
klagen to complain 5; to lament 6
klappern to rattle 1
das Klavier, -e piano 4
das Kleid, -er dress 2
das Kleidungsstück, -e piece of clothing 5
kleinfenstrig with small windows 7
die Kleinigkeit, -en petty matter 1
der Kleinste, -n the youngest 1
klopfen to knock 2
der Knabe, -n boy 2
der Knall, -e bang 1
knapp scant 7
der Knäuel, - ball 6; paper ball 9
die Kneipe, -n pub, inn 1
knicken to snap; to bend 7
der Knirps, -e little fellow 10
knirschen to crunch 4
knistern to crackle 7
das Knopfloch, ¨-er buttonhole 7
kokettieren to play up, flirt with 5
das Kollegheft, -e lecture notebook 9
der Komplize, -n accomplice 4
die Konfession, -en religion 6
das Können ability 7
der Kopf, ¨-e head 9
das Kopftuch, ¨-er bandana 9
der Korb, ¨-e basket 4
körnig coarse 7

Vokabular

kostbar lovely; precious 5
kostenlos free of charge 3
kräftig strong 5
der Kragen, - collar 9
krank sick, diseased 5
das Krankenbett, -en sickbed 6
die Krankenschwester, -n nurse 6
der Kreis, -e circle
das Kreuzchen, - check mark 10
die Kreuzung, -en crossing 6
▸ **kriechen** to crawl 6
der Krieg, -e war 6
das Kriegslazarett, -e war hospital 6
der Kringel, - squiggle 9
kritzeln to scrawl 2
die Küche, -n kitchen 1
der Kuchenteller, - cake plate 4
kühn bold 6
die Kulissen (Pl.) backdrops 6
sich kümmern um to attend to, look after 1
▸ **kund·geben** to articulate 8
künftig future 6
die Kunst, ¨e art; artifice 6
das Kunststück, -e trick 2
die Kurve, -n curve 6
kurz short 2
die Kurzgeschichte, -n short story 2
die Kutsche, -n carriage 2
der Kutscher, - carriage driver 4
das Kutschpferd, -e carriage horse 4

L

lachen to laugh 4
das Lädeli, - (schweiz.) small store 5
die Lage, -n situation 9
das Lager, - camp 5
der/die Lahme, -n cripple 5
das Land, ¨er countryside 2; country 4
die Langeweile boredom 4
langfristig in the long run 7
der Lärm noise, racket 1
lästern to blaspheme against; to curse 6
lästig bothersome 9
die Laufbahn, -en career 3
der Lausekerl, -e rascal 3
lautlos soundless 9
der Lautsprecher, - loudspeaker 2
das Leben, - life 2
lebend alive 7
lebendig lively 5
die Lebenslust, ¨e joy of living 3
die Lebensqualität quality of life 1
der Lebensraum living space 3
der Lebensumstand, ¨e circumstance 8
der Lebensunterhalt (means of) subsistence, livelihood 3
das Lebensverhältnis, -se relation to life 8
die Legende, -n legend 5
die Lehre, -n apprenticeship 7
lehren to teach 4
der Lehrer, -/die Lehrerin, -nen teacher 3
die Lehrstelle, -n apprenticeship 7
der Leib, -er body 6
zu Leibe rücken to tackle a person 9
▸ **leicht·fallen** easy 5
die Leichtindustrie, -n consumer goods industry 7

das Leid, -en grief, sorrow 8
▸ **leiden** to suffer 8
leidenschaftlich passionate 8
der Leidensgenosse, -n comrade in misery 3
die Leistung, -en service; achievement 4
das Leistungsstipendium, -ien honors scholarship 3
das Leitbild, -er model 6
leiten to direct 7
der Leiter, -/die Leiterin, -nen executive manager 7
die Leitung, -en guidance, direction 4
die Leitungsfunktion, -en leadership function 7
die Lektion, -en lesson 4
die Lektüre, -n reading matter 4
lenken to direct 10
der Leser, -/die Leserin, -nen reader 2
leuchtend shining, brilliant 2
Licht: das schwere glosende Licht dull-gleaming light 6
das Lichtgesprenkel, - speckles of light 6
das Lid, -er eyelid 4
der/die Liebende, -n lover 6
das Liebeslied, -er love song 6
lindern to soothe 6
die Lippe, -n lip 7
die List, -en trick 9
die Litanei, -en chant 9
loben to praise 9
das Loch, ¨er hole 2
locker·schrauben to loosen, unscrew 2
das Löschblatt, ¨er blotting paper 9
lösen to set free 6

▶ **los·schlagen** to sell 5
lotsen to guide 10
das Luftgespinst, -e castle in the air, fabrication 6
die Lüge, -n lie 6
die Lust, ̈e pleasure 9; desire, inclination 3

M

die Macht, ̈e power 2
machtlos powerless 3
das Mädchen, - girl 2
die Magenschmerzen (Pl.) stomach pains 1
die Malschule, -n art school 10
der Mann, ̈er man 1
der Mantel, ̈ coat 7
das Märchen, - fairytale 5
die Marke, -n make, model, brand 6
markieren to indicate, mark 6
die Maß, - stein of beer 9
maßgebend influential 9
das Massengrab, ̈er mass grave 6
der Matrosenanzug, ̈e sailor suit 4
matschig squashed 9
die Mattscheibe, -n TV screen 10
die Mauer, -n wall 6
meinetwegen for all I care 1
meinungsstark opinionated; with conviction 6
die Meinungsumfrage, -n opinion poll 10
meistens most of the time 1
der Meister, -/die Meisterin, -nen master 7
das Meisterwerk, -e masterpiece 9
die Meldung, -en report 9
der Melkschemel, - milking stool 6
das Mensaessen, - cafeteria food 3
der Menschenauflauf crowd gathering 9
der Mentor, -en adviser 7
merken to notice 1
die Messe, -n mass (church) 8
das Messer, - knife 5
der Mieterprotest, -e tenant protest 9
das Milchkännchen, - milk container
milchig milky 6
mindern to reduce 6
die Minderheit, -en minority 1
die Minderung, -en reduction 4
mindestens at least 4
die Mindesthöhe, -n minimum 3
mißbrauchen to misuse, abuse 6
die Mischung, -en mixture 2
mißgelaunt in a bad mood 1
der Mitarbeiter, -/die Mitarbeiterin, -nen colleague 7
die Mitbestimmung participation in decision making 3
▶ **mit·bringen** to bring along 4
miteinander with each other 2
▶ **mit·nehmen** to take along 1
mitschuldig accessory (to a crime) 10
das Mittagbrot, -e lunch 3
mitteilbar communicable 5
die Mitteilung, -en message 2
das Mittel, - means 5
der Mitträger, -/die Mitträgerin, -nen co-sponsor 8
▶ **mit·ziehen** to march along 9
möglich possible 1
die Möglichkeit, -en possibility 7
der Mörder, -/die Mörderin, -en murderer 4
die Morgenluft, ̈e morning air 7
morgens mornings 1
mühsam laborious 2
der Mund, ̈er month 2
die Murmelklaue, -n marmot 2
murmeln to mutter 1
der Mut courage 2

N

die Nachbarschaft, -en neighborhood 9
nachahmend imitating 8
nachdrücklich emphatically 8
der Nachhilfeunterricht private tutoring 9
der Nachholbedarf need to catch up 7
die Nachkriegsgeneration, -nen postwar generation 7
nachmittags afternoons 1
der Nachwuchs progeny 1
der Nacken, - neck 4
die Nähe proximity 6
näher·rücken to close in 6
die narbige Kraterhaut skin scarred with craters 6
das Nationalgefühl, -e national sentiment, identity 4
der Nebelglanz misty glow 6

Vokabular

das Nebenzimmer, - adjoining room 2
▸ nehmen to take 1
die Neigung, -en inclination 3
nesteln to fidget 9
das Netz, -e net 4
der/die Neugierige, -n inquisitive person 9
neulich recently 2
nichtig futile 6
das Nichts nothing 6
das Nichtwiedergutzumachende something irreparable 4
▸ nieder·schreiben to write down 8
niedrig low 7
die Not, ⸚e trouble 4
nötig necessary 1
notwendig necessary 7
die Nummer, -n number 2
nunmehr henceforth 4
nirgends: nirgendwo nowhere 9

O

oberflächlich superficial 5
die Oberschule, -n high school 7
die Obstschale, -n fruit bowl 9
das Offenrohr, -e stove pipe 9
öffentlich public 1
die öffentliche Einrichtung, -en public facility 3
ohnehin anyway 5
das Ohr, -en ear 1
Ohr: sich aufs Ohr legen to go to sleep, hit the sack 7
das Opfer, - victim 3
opfern to sacrifice 4
die Opferbereitschaft readiness to sacrifice 4
Ordnung: in Ordnung sein to be O.K. 1
die Ortschaft, -en village 6
der Ortsname, -n place name 4
das Ostern Easter 7
österreichisch Austrian 8

P

der Panzer, - tank 6
▸ Partei ergreifen to take sides 3
passieren to happen, occur 1
die Pause, -n break, pause 1
pelzgefüttert fur-lined 4
persönlich personal 2
die Persönlichkeit, -en personality 4
das Pfand, ⸚er token 5
der Pfarrer, - priest 6
der Pfeil, -e arrow 5
das Pferd, -e horse 6
das Pflaster plaster 9
die Pflasterramme, -n paving hammer 2
die Pflichtschule, -n mandatory school 6
die Pfütze, -n puddle 9
der Piks, -e squirt 3
der Pinsel, - paint brush 9
pirschen to sneak up 3
plakativ demonstrative 6
planmäßig according to plan 3
platzen to burst 1
prägen to form 8
prahlerisch boasting 4
der Praktikant, -en apprentice 7
das Praktikum, -a a practical course 3
die Pralinen (Pl.) chocolates 7
prallen to collide 9
prangen to shine forth 6

die Praxis practical training, experience 3
der Primgeiger, -/die Primgeigerin, -nen first violinist 4
probe·spielen to audition 10
die Promotion, -en graduation (with doctor's degree) 7
promovieren to get a doctor's degree 3
propagieren to propagate 5
der Putzlumpen, - rag 5

Q

qualifiziert qualified 7
▸ quellen to pour out 6

R

der Radfahrer, -/die Radfahrerin, -ren bicycle rider 6
das Radieschen, - radish 4
der Radler, -/die Radlerin, -nen bicycle rider 6
der Ramschladen, ⸚ junk store 5
die Randsteinkappen (Pl.) curbstones 6
ranken to climb 9
rasch quickly 4
das Rasierwasser, - aftershave lotion 2
das Rassenproblem, -e racial problem 5
▸ raten to recommend 4
der Ratschlag, ⸚e advice 10
rauschen to rustle 8
reagieren to react 6
die Realität, -en reality 7
der Rechtsanwalt, ⸚e/die Rechtsanwältin, -nen lawyer 1

die Rechtssprechung dispensation of justice 1
die Redewendung, -en phrase, expression 2
reduzieren to reduce 5
das Regal, -e shelf 7
der Regelfall, ⸚e normal case 1
regelmäßig regular 4
der Regen rain 6
die Regierung, -en government 5
der Reif, -en hoop 2
die Reifenspur, -en tire track, mark 6
reingefegt swept clean 6
die Reise, -n trip, vacation 5
der Reißnagel, ⸚ thumb tack 9
die Reklame, -n advertisement 10
▸ **rennen** to run 1
renommistisch boastful 3
die Reparatur, -en repair 2
die Reportage, -n report 4
retten to save 4
das Rezept, -e remedy 10
richten an (+Akk.) to address to 7
▸ **riechen** to smell 7
riesig gigantic 6
die Rinde, -n bark (tree) 8
rindsledern made of cowhide 7
der Rinnstein, -e gutter 9
der Riß, -sse crack 9
der Ritt, -e ride 6
die Röhre, -n tube 2
der Roman, -e novel 2
röntgen to X-ray 4
das Röslein, - little rose 8
der Rost grill 1; rust 7
rotgesichtig red-faced 4

die Rotznase, -n snotnose 3
der Rücken, - back 2
die Rücksicht, -en consideration 1
der Rückspiegel, - rearview mirror 6
der Rückstand, ⸚e arrears, backlog 9
▸ **rufen** to call 1
die Ruhe peace, quiet 1
ruhelos restless 5
ruhen to rest 8
rund around, in round figures 1
das Rußschwarz soot black 6
rütteln to rattle 9

S

saftig juicy 6
die Sammlung, -en collection 2
die Samtjacke, -n velour jacket 9
sämtlich all 9
der Sang, ⸚e song 8
satt well-fed 5
der Sattel, ⸚ saddle, seat 9
▸ **sauber fahren** to drive well 6
sausen to hiss 9
sausend sighing 6
das Schach chess 1
die Schale, -n saucer 6
sich schämen to be ashamed 5
der Schankraum, ⸚e bar 7
scharfsinnig penetrating; quick witted 5
der Schatten, - shadow 3
der Schauer, - shudder; anxiety 10
der Schaum, ⸚e foam 2
der Schauspieler, -/die Schauspielerin, -nen actor 4

die Scheibe, -n windshield 6
die Scheide, -n sheath 4
▸ **scheiden** to separate; to divorce 4
die Scheidungsquote, -n divorce rate 1
der Schein glow 6
Schein: der blaßgelbe Schein pale yellow light 6
▸ **scheinen** to seem 3
der Scheinwerfer, - headlight 6
der Scheinwerferkegel, - light beam 6
der Schenkel, - thigh 7
scheppern to rattle 2
scherzen to joke 4
scheußlich revolting 10
die Schicht, -en class; shift 7
der Schichtwechsel, - shift change 7
sich schicken in (+Akk.) to resign oneself 1
das Schicksal, -e fate 8
▸ **schieben** to push 1
die Schiebermütze, -n cap 9
die Schiene, -n track (train) 7
der Schienenleger, - tracklayer 7
schildern to depict, portray 3
die Schlacht, -en battle 6
das Schlachtfeld, -er battlefield 10
▸ **schlafen** to sleep 2
das Schlafzimmer, - bedroom 1
▸ **schlagen** to beat 2
▸ **schinden** to beat up 7
der Schlager, - hit song 2
der Schläger, - mallet 1
schlammgrau mudgray 6
schlecht gelaunt sein to be in a bad mood 1

schlecht und recht after a fashion 5
schlecken to lick 10
▸ **sich schleichen** to sneak 2
schleudern to swerve, 9
schleunigst at once 1
die Schleuse, -n gutter drain 9
schließlich if all else fails, finally 9
▸ **schlingen** to tie; to wrap 5
der Schluck, -e swallow, sip 7
schlucken to swallow 7
schlummernd sleeping 1
schlüpfen to slip (away) 2
schlußendlich finally, in the end 3
schmal narrow 6
der Schmerz, -en pain 4
der Schmuck jewelry 9
schmutzig dirty 3
schnalzen to click one's tongue 9
der Schnaps, ̈e brandy 9
schnitzen to carve 2
der Schöffe, -n/die Schöffin, -nen juror 4
schöpferisch creative 8
schräg tilted, at an angle 9
die Schreckensnachricht, -en horrible news 1
das Schreckliche horror 4
die Schreibunterlage, -n desk pad 9
▸ **schreien** to yell, scream 1
schreiend screaming 4
der Schreikrampf, ̈e uncontrollable screaming 4
der Schriftsteller, -/die Schriftstellerin, -nen author 2
der Schritt, -e (foot) step 8

die Schulbank, ̈e school bench 2
der Schuljunge, -n schoolboy 9
der Schulrektor, -en/die Schulrektorin, -nen principal 9
der Schultag, -e school day 3
die Schulter, -n shoulder 2
das Schulverfahren, - school procedure 3
schwach weak 8
die Schwäche, -n weakness 4
der Schwall, -e surge 7
die Schranke, -n: in die Schranken fordern to challenge 9
schwärmerisch enthusiastic 4
der/die Schwarze, -n black, negro 5
schweflig sulfurous 7
der Schweif, -e tail 9
▸ **schweigen** to be silent 6
das Schweigen silence 6
der Schweiß sweat 7
die Schwertlilie, -n iris 7
▸ **sich schwer·tun** to have problems 9
die Schwiele, -n callus 3
schwindelnd giddy 6
▸ **schwingen** to swing 9
das Schwirren buzzing 4
▸ **schwören** to vow 5
das Sechstagerennen, - six-day bicycle race 4
die Seele, -n soul 7
die Seelengröße, - greatness of soul 4
der Seelenschmerz, -en mental anguish 3
der Segen, - blessing 5
die Sehne, -n string; tendon 5
die Seide silk 4
seit since 1

die Seite, -n page 4
seitdem since that time 1
die Selbstherrlichkeit high-handedness 3
selbstständig independent 3
die Selbstverständlichkeit matter of course 3
das Selbstvertrauen self-confidence 7
die Seligkeit bliss 2
senden to broadcast 10
die Sendung, -en program (TV) 10
sengen to singe 6
die Sensucht, -en longing 8
der Setzer, -/die Setzerin, -nen typesetter 9
seufzend sighing 6
die Sicherung, -en fuse 2
das Siegel, - seal 5
der Siegellack, -e sealing wax 2
der Siegelring, -e signet ring 2
das Signet, -s emblem 5
silbern silvery 6
der Sinn, -e sense 4
sinnlich sensuous 8
die Sitte, -n mores (*pl. only*); custom 8
sogenannt so-called 1
der Soldat, -en soldier 6
sonderbar strange 8
der Sonnenschirm, -e parasol, sun shade 4
sonstwie otherwise 5
das Sorgerecht custody 1
die Spalte, -n column 4
die Sparte, -n category 10
spätestens at the latest 1
▸ **spazieren·gehen** to go for a walk 1
spendieren to buy, treat 5
sperren to lock up 3
die Spiegelwand, ̈e mirrored wall 2

spielen to play 1
der Spielplatz, ⸚e playground 9
das Spielfeld, -er stage 9
▸ **spinnen** to spin 6
der Spinner, -/die Spinnerin, -nen crackpot 9
die Sportstätte, -n sports club 3
der Sportverein, -e sports club 9
der Spötter, -/die Spötterin, -nen mocker 2
sprachbegabt linguistically talented 10
sprachlich linguistic 3
▸ **sprechen** to speak 2
der Sprecher, -/die Sprecherin, -nen speaker 9
der Sprechfunk radio phone 9
▸ **springen** to jump 1
der Spritzer, - splash, squirt 1
spröde brittle, prim 9
der Sproß, -sse offspring 10
der Sprößling, -e small-fry 1
der Spruch, ⸚e slogan 9
der Sprung, ⸚e jump 2
spucken to spit 9
das spukhafte Bild ghostly apparition 6
spulen heran und vorbei to come reeling toward us and past 6
das Staatsexamen, - state certification 7
das Staatsleben political life 8
der Städtebau city planning 9
der Städter, -/die Städterin, -nen city dweller 5
der Stadtteil, -e district 9
stammen to originate from 5
der Ständer, - rack 7

das Stanniol, -e aluminum foil 7
stark strong 5
stärken to strengthen 7
starr dazed 2
starren to stare 1
die Station, -en ward 7
stattdessen instead of that 6
▸ **statt·finden** to take place 9
stauen to build up 2
sich stauen to pile up, become congested 9
stecken to stick 5
die Stehbar, -s stand-up bar 9
▸ **stehen** to stand 2
▸ **stehen·bleiben** to stop 9
steif stiff 7
steigend increasing 1
steigern to increase 3
die Steigerung, -en intensification 1
der Steinbruch, ⸚e quarry 7
die Stelle, -n position 8
stellen to corner, confront 4
die Stellung, -en position 1
stellvertretend substitute 8
▸ **sterben** to die 5
der/die Sterbliche, -n mortal 8
der Stern, -e star 5
das Steuer, - steering wheel 6
steuern to steer 6
stibitzen to swipe, steal 6
▸ **still·sitzen** to sit still 3
stimmen to be correct 1
der Stock, ⸚e cane 3
der Stolz pride 4
störrig/störrisch stubborn 9
▸ **sich stoßen** to bump oneself 9
die Stimme, -n vote 2

stolpern to stumble 9
stoßweise in spurts 2
die Straße, -n street 2
der Straßenköter, - mongrel 9
der Straßenrand, ⸚er edge of the street 6
das Straßentheater street theater 9
sich sträuben to resist 9
der Streich, -e practical joke 2
der Streifenwagen, - patrol car 9
▸ **streiten** to fight, quarrel 1
das Strichmännchen, - stick figure 9
der Strick, -e noose 5
der Strom electricity 2
die Strophe, -n verse 6
der Strumpf, ⸚e stocking 2
die Stube, -n room 5, 6
das Stück, -e play, piece 6
das Studentenheim, -e dormitory 3
das Studium, -ien study 7
stumm mute 9
die Stunde, -n hour 1
stundenlang for hours 10
der Stunk hassle 6
stürzen to tumble 6
sich stürzen to rush 3
suchen to look, search for 3
der Sud, -e broth, brew 7
summen to buzz 2
der Sünder, -/die Sünderin, -nen sinner 6

T

der Tadel rebuke, reprimand 8
die Tafel, -n sign 6
das Tagebuch, ⸚er diary 5
die Tagesordnung, -en agenda 1
täglich daily 4

Vokabular

das Tal, ¨-er valley 6
der Tannenzapfen, - pine cone 5
die Tante, -n aunt 2
tanzen to dance 2
die Tanzstunde, -n dance (and social etiquette) lesson 2
die Tasche, -n pocket 2
die Taschenlampe, -n flashlight 2
die Tasse, -n cup 7
der Tassenrand, ¨-er cup rim 7
die Tastatur, -en keyboard 10
tasten to grope 3
die Tätigkeit, -en activity 3
die Tatsache, -n fact 2
tatsächlich actual 9
der Taugenichts good-for-nothing 3
taumeln to sway 9
das Teil, -e component, part 2
teilen to divide 7
der Teint, -s complexion 4
die Tendenz, -en tendency 1
die Theateraufführung, -en stage production 4
die Theke, -n counter (as in a store or a café) 7
das Tier, -e animal 2
die Tierbetreuung veterinary care 9
der Tisch, -e table 1
die Tischplatte, -n tabletop 7
toben to roar 6
das Toben romping; raging 10
die Tochter, ¨- daughter 1
der Ton, ¨-e sound 2
die Tonhalle, -n town-, music hall 2
der Topf, ¨-e pot 5
das Tor, -e gate 4
töricht silly 8

tot dead 4
sich töten to commit suicide 4
die Totenstille dead silence 10
die Trambahnhaltestelle, -n tramway stop 2
traulich comforting 6
der Traum, ¨-e dream 6
der Traumberuf, -e dream job 7
träumen to dream 8
die Traumwäscherei, -en dream laundry 10
traut beloved, dear 1
▸ **treffen** to hit 1
die Trefflichkeit aptitude 8
die Treue loyalty 4
der Trinkbecher, - (drinking) cup 7
der Trödler, -/die Trödlerin, -nen panhandler 5; second-hand dealer 9
der Trog, ¨-e planting box 9
der Trost comfort 9
trösten to comfort 1
trotzdem in spite of it 5
der Trunk, ¨-e beverage 9
tun to do 3
die Tüchtigkeit efficiency, prowess 8
die Tür, -en door 2
der Turnschuh, -e gym shoe 6
typisch typical 1

u

üben to practice 2
überall everywhere 2
übereinander getürmt towering one over the other 6
überein·stimmen to agree with 1
▸ **überfliegen** to skim (over) 10
die Überheblichkeit arrogance 6

überleben to survive 5
die Überlebenschance, -n chance for survival 5
überlegen superior 2
die Überlegung, -en thought 5
übermütig in high spirits 4
▸ **übernehmen** to take over 4
die Überraschung, -en surprise 5
der Übersetzer, -/die Übersetzerin, -nen translator 2
die Überzeugung, -en faith 4
der Übungssaal, -säle dance hall, studio 2
uferlos boundless 3
die Uhr, -en watch 6
um·blättern to turn the page 4
der Umfang, ¨-e quantity 8
umfangreich extensive 4
umfassen to include 3
umfassend extensive, inclusive 3
die Umgebung, -en surroundings 4
der Umriß, -sse rough outline 8
der Umschwung, ¨-e change 7
umsonst in vain 9
der Umstand, ¨-e circumstance 4
umstritten controversial 3
um·stürzen to topple 9
▸ **sich um·tun** to look around 5
die Umweltverschmutzung environmental pollution 5
▸ **sich um·ziehen** to change (clothes) 1
unabhängig freelance; independent 8

Vokabular

unbekannt unknown 6
unbestimmt indeterminate 4
unbewußt instinctive 3
unendlich endless 8
unermeßlich immeasurable 4
unerreichbar out of reach 6
der Ungarwein, -e Hungarian wine 9
die Ungebundenheit independence 3
die Ungeduld impatience 5
ungeduldig impatient 9
die Ungeheuerlichkeit, -en monstrosity 1
ungenügend insufficient 8
ungeschickt clumsy 2
ungeschlacht ponderous 6
ungewiß uncertain 8
das Unglück disaster 1
unglücklich unhappy 5
das Unheil evil, doom 5
unmittelbar immediate 4
die Unruhe restlessness 9
unnütz useless 5
der Urlaub, -e vacation 5
unschlüssig undecided 4
unsicher insecure 2
die Unsicherheit uncertainty 5
untätig idle 9
▸**unterbleiben** not to occur or happen 2
untereinander among one another 4
▸**unter·gehen** to collapse, sink 5
unterprivilegiert underprivileged 1
die Unterredung, -en interview 4
die Unterseite, -n underside 4
unterstellen: jemand (*Dat.***) etwas unterstellen** to accuse someone of something 4
die Unterstützung, -en support 3
untersuchen to examine 4
unter·tauchen to disappear 7
unterwegs on the way 3
die Unterwürfigkeit servility 6
unzählig countless 8
unterzeichnend undersigned 6
unüberholbar going too fast to be passed 6
unübersehbar vast 6
unvermutet unexpected 2
unwichtig not important 5
üppig lush 9
die Ursache, -n cause 10

V

sich verabschieden to say goodbye 4
die Veranda, -en porch 4
die Veränderung, -en change 4
veranstalten to organize, arrange 8
die Veranstaltung, -en event, function 3
die Verantwortung, -en responsibility 1
verbergen to hide 5
die Verbesserung, -en improvement 9
▸**verbieten** to forbid 1
verbilligt discounted, reduced in price 3
▸**verbinden** to combine 3
die Verbitterung embitterment 4
das Verbrechen, - crime 6
der Verdacht suspicion 4
verdammt damned, damn 6
verdauen to stomach, digest 5
▸**verderben** to fall to ruin, decay 5
sich verdichten to take shape 3
der Verdienst, -e wages 3
verdorben spoiled 1
verdorren to dry up, wither 6
der Verdruß worry, grief 6
verdutzt baffled 8
die Verehrung, -en reverence 4
die Vereinigung, -en unification 4
vereint mit together with 4
verfassen to write 8
die Verfassung, -en state of mind, constitution 1
verfaulen to rot 6
verfluchen to curse 5
vefolgen to pursue 8
verfügen über (+*Akk.***)** to be equipped with (something) 8
vergangen past 1
die Vergangenheit past 4
▸**vergehen** to perish 5
verglast glazed 6
vergnügt gleeful 3
vergönnen: jemandem (*Dat.***) vergönnt sein** someone is entitled to, has the privilege 8
die Vergünstigung, -en privilege; benefit 3
verhaften to arrest 4
das Verhalten behavior 1
▸**sich verhalten** to behave 10
die Verhaltensstörung, -en behavioral problem 10
verhandeln to negotiate 4
verheiratet married 4
verhindern to prevent 1

verhöhnen to mock 4; to ridicule 5
verhüllen to disguise, cover 5
verkaufen to sell 5
der Verkäufer, -/die Verkäuferin, -nen salesperson 5
die Verklärung, -en sublimation 8
verkrampft tense 2
verlangen to demand 10
verlassen to leave 1
▸ **verlaufen** to turn out 1
verlernen to forget 10
verliebt in love 2
▸ **verlieren** to lose 4
vermenschlichen to humanize 9
vermitteln arrange 9
vermutlich presumable 4
das Vermögen, - ability; fortune 8
vermuten to guess, surmise 6
vernichten to destroy 8
vernünftig reasonable 10
veröden to become desolate 6
verödet desolate 6
▸ **verraten** to betray 5
verreisen to go on a journey 4
verringern to decrease 4
▸ **verrinnen** to trickle away 6
etwas Verruchtes something wicked 2
verrückt crazy 6
versagen to fail 10
versammeln to assemble, meet 3
die Versandhausfirma, -en mail-order house 6
verschärfen to intensify, escalate, increase 4
verschenken to give away 5
▸ **sich verschieben** to be distorted 2

verschleiern to conceal 2
verschmähen to disdain 8
verschonen to spare 6
verschönern to embellish, beautify 9
das Verschönerungsprojekt, -e beautification project 9
sich verschränken to entwine 9
▸ **verschrecken** to scare 9
▸ **verschwinden** to disappear 2
▸ **versehen** to hold (an office) 8
Versorgung: die medizinische Versorgung medical care 3
verspeisen to consume 9
versperren to block; to lock 9
▸ **versprechen** to promise 5
verspüren to feel 4
der Verstand mind 6
verstärken to intensify 7
▸ **verstehen** to understand 1
▸ **verstoßen** to expel 3
versuchen to try 1
sich versuchen to try one's hand (at something) 8
verteidigen to defend 1
vertonen to put to music 8
verträumt dreamy 6
vertrocknen to dry up
▸ **vertreten** to represent 3
verursachen to cause 10
der Verwalter, -/die Verwalterin, -nen administrator 4
verwechseln to mix up, confuse 10
verweigern to refuse 6
verweint tearstained (face) 3

verwerflich objectionable 10
verwirren to confuse 4
verwirrt confused 2
verwitwet widowed 1
verwunschen sein to be cursed 5
▸ **sich verziehen** to retreat 1
die Verzierung, -en decoration 7
verzweifeln to despair 4
verzweifelt desperate 5
der/die Verzweifelte, -n desperate person 5
vielleicht maybe 3
vielmehr rather 7
die Viertelstunde, -n quarter of an hour 7
der Volant, -s steering wheel 6
das Volk, ⁻er people, nation 4
volkseigen belonging to the people 7
die (untere) Volksklasse, -n (low) social class 4
volksnah near to people 4
volkstümlich popular; folksy 4
vollaufen lassen to fill 7
die Vollendung completeness 8
vollgestopft congested 6
völlig totally, completely 9
▸ **sich vollziehen** to take place 8
voraus·setzen to presume 3
die Voraussetzung, -en assumption 4
▸ **voraus·werfen** to cast ahead 3
vor·bereiten to prepare 7
die Vorbereitung, -en preparation 7
vor·bestimmen to predetermine 3

vor·beugen (+*Dat.*) to guard against 10
das Vorbild, -er model 9
vorbildlich exemplary 9
die Vorderbeine (*Pl.*) front legs 7
die Vorderfront, -en frontal part 9
vordergründig superficial 5
▸ **vor·fahren** to drive up 1
vor·führen to perform 2
vor·haben to plan 10
vorhanden existing 7
vor·leben to live 4
vor·machen: jemandem etwas vormachen to fool someone 9
der Vorname, -n first name 1
▸ **sich vor·nehmen** to undertake 7
▸ **vor·schreiben** to prescribe 4
vor·setzen to serve, put in front of 1
vorsichtig careful, cautious 2
vorstellbar imaginable 10
vor·stellen to introduce 5
sich vor·stellen to imagine, picture 1
Vorstellung: die falsche Vorstellung wrong idea
die Vorstellungswelt, -en world of imagination 3
der Vorstoß, -̈sse initiative 1
der/die Vorübergehende, -n passerby 9
der Vorvertrag, -̈e preliminary contract 3
vorwärts forward 2
vorwiegend predominant 1
der Vorzug, -̈e advantage 8

vorzüglich excellent, superb 1

W

wachsend growing 1
die Waffengewalt armed force 10
wagen to dare 2
der Wagen, - car 2
der Wahlsieg, -e election victory 4
wahnsinnig crazy 6
währen to last 5
während during 2
wahrhaft truly 8
die Wahrheit, -en truth 8
▸ **wahr·nehmen** to notice, be aware of 2
wahrscheinlich probably 1
das Waldsterben dying forests 5
die Wand, -̈e wall 2
wandern to hike, wander 8
die Wandmalerei, -en mural 9
wanken to waver, totter 6
die Ware, -n merchandise, ware 5
die Wärme warmth 5
warten to wait 5
die Wartezeit, -en waiting period 3
▸ **waschen** to wash 1
der Weg, -e way, path 2
weggeworfen discarded 2
▸ **weg·nehmen** to take away 3
weg·zischen to swish past 6
das Weh und Ach lamentations 8
wehmütig nostalgic 8
der Wehrdienst military service 6
sich wehren to fight back 8

weiblich female 7
sich weiden an (+*Dat.*) to revel in (something) 3
die Weihnachten, - Christmas 3
der Weihnachtsbaum, -̈e Christmas tree 5
das Weihnachtstännchen, - Christmas (pine) tree 5
die Weile a while 1
weinen to cry 5
weiß white 4
Weise: auf andere Weise otherwise, differently 4
welken to wither 4
die Welle, -n wave 2
die Welt, -en world 1
der Weltbürger, - citizen of the world 4
weltgewandt slick 2
Weltreichsgedanken: die römischen Weltreichsgedanken (*Pl.*) concept of the Roman Empire 4
weltweit worldwide 3
▸ **wenden** to change, turn 8
die Wendung, -en expression, phrase 3
wenig few 1
werbend wooing, courting 4
▸ **sich werfen** to throw oneself
das Werk, -e work, creation 3
die Werkstatt, -̈en workshop 6
wettern to curse 6
das Wettbewerb, -e competition 9
wichtig important 3
widerspenstig uncooperative 9
der Widerstand, -̈e resistance 10
▸ **wieder·sehen** to see (or meet) again 2
wiederum again, anew 1

Vokabular

das Wild game (animals) 6
willkürlich arbitrary 3
der Wintermantel, ¨- winter coat 2
winzig tiny 1
der Wipfel, - treetop 8
wippen to teeter 4
wirken to appear, seem 2; to be active 4
die Wirklichkeit, -en reality 2
wirtschaftlich economic 8
die Wirtschaftsmacht, ¨-e economic power 5
der Wissenschaftler, -/die Wissenschaftlerin, -nen scientist, scholar 3
wissenschaftlich scholarly 3
der Witz, -e joke 2
der Wochenurlaub, -e maternity leave 4
wohlgeraten well-bred 4
wohltuend refreshing 5
das Wohngebäude, - apartment house 9
das Wohngebiet, -e residential area 9
das Wohnheim, -e dormitory 3
die Wohnung, -en apartment 9
▸ **die Wohnungsnot** apartment, housing shortage 9
sich wölben to stretch 4
die Wolke, -n cloud 4
das Wort, ¨-er word 1
die Wunde, -n wound 6
das Wunder, - miracle 2
wunderschön very beautiful 2
der Wunsch, ¨-e wish 3
sich wünschen to wish for 1
der Wunschtraum, ¨-e pipe dream 7

die Wurst, ¨-e sausage 1
die Wut rage 10

Z

das Zagen hesitation 3
zäh tough 7
die Zahl, -en number 1
zählen to count 9
der Zahn, ¨-e tooth 2
zahlreich numerous 2
die Zange, -n tongs 1
die Zärtlichkeit, -en tenderness 9
zaubern to make magic 4
der Zaun, ¨-e fence 5
zehnklassig consisting of 10 classes 7
das Zehnmeterbrett, -er ten-meter (high-diving) board 2
der Zeichentrick, -s cartoon 10
der Zeigefinger, - index finger 7
sich zeigen to show itself/oneself 9
der Zeiger, - clock hand 6
die Zeile, -n line 4
das Zeitalter, - age, era 4
zeitgenössisch contemporary 10
der Zeitpunkt (point of) time, movement 8
die Zeitung, -en (news)paper 1
der Zeitverlust, -e loss of time 7
die Zensur, -en grade 8
der Zentner, - one hundred kilograms 9
zerblättern to fracture 6
zerfetzen to tear 6
▸ **zerrinnen** to vanish 4
zerzaust disheveled 2
zeugen to father (a child) 1
▸ **ziehen** to pull 5

das Ziel, -e aim, target 6
das Zielfernrohr, -e telescopic sight 6
zielgerichtet deliberate 7
die Zigarettenpackung, -en pack of cigarettes 2
das Zimmer, - room 1
zinslos interest free 4
zitternd trembling 6
der Zöllner, -/die Zöllnerin, -nen customs official 4
zu vielen among many 9
zuckend quivering 6
zudringlich obtrusive 2
zu·drücken to close, shut 7
▸ **zu·geben** to admit 3
zugegeben admitted 6
zugehören zu to belong to 6
zugeschnitten auf etwas (Akk.) oriented toward (something) 7
zugleich at the same time 4
▸ **zugrunde·gehen** to perish 9
zugunsten in favor of 1
zukünftig future 1
▸ **zu·lassen** to permit 6
zumeist mostly 4
▸ **zurück·fallen** to fall back 9
▸ **sich zurück·halten** to stay in the background 1
zurück·legen to cover a distance 3
zurück·zahlen to pay back 3
▸ **sich zurück·ziehen** to withdraw 6
das Zureden encouragement 3
zusammen together 1
▸ **zusammen·bleiben** to stay together 1
▸ **zusammen·kneifen** to narrow 1

160

Vokabular

zusammen·knüllen to crumple 7
zusammen·pferchen to crowd together 3
das Zusammensein meeting, time together 2
▸ **sich zusammen·schließen** to join, unite 1
▸ **zusammen·schmelzen** to melt together 5

zusätzlich additional 3
zu·schauen to watch 9
der Zustand, ⸚e situation 3
zuständig responsible for 7
▸ **zu·wenden** (+*Dat.*) to run toward 9
zuwenig not enough 4

zwanglos informal 8
der Zweck, -e purpose 6
zweckmäßig practical 3
der Zweifel, - doubt 8
▸ **zwingen** to force 6
das Zwinkerauge, -n reflector eye 6
zwischen between 2

Photo and art credits
P. 3 German Information Center; p. 7 J. Douglas Guy; p. 9 Inter Nationes; p. 10 Judy Poe; p. 16 Ulrike Welsch; p. 20 Archiv für Kunst und Geschichte, Berlin; p. 21 Mary Beechy-Pfeiffer; p. 24 J. Douglas Guy; p. 29 J. Douglas Guy; p. 34 Bildarchiv Preussischer Kulturbesitz; p. 40 Ulrike Welsch; p. 45 Judy Poe; p. 46 Judy Poe; p. 49 Mark Antman / Stock Boston; p. 62 German Information Center; p. 63 Beryl Goldberg; p. 75 J. Douglas Guy; p. 79 Uta Hoffman; p. 82 Beryl Goldberg; p. 87 J. Douglas Guy; p. 88 German Information Center; p. 91 Petra Hausberger; p. 94 German Information Center; p. 97 J. Douglas Guy; p. 100 Presse- und Informationsamt der Bundesregierung, Bonn; p. 104 Kaya Hoffmann; p. 105 Courtesy Berliner Senat; p. 109 J. Douglas Guy; p. 130 AP Wide World Photos.

Literary credits
Pp. 12–13 Isabella Nadolny, „Aus der Tanzstunde," in *I. N.: Durch fremde Fenster.* Paul List Verlag, D-8000 München, Goethestrasse 43; pp. 28–30 Ricarda Huch, „Letzte Ansprache," Verlag Kiepenheuer & Witsch, D-5000 Köln 51, Rondorfer Strasse 5; pp. 70–71 Gertrud Fussenegger, „Dame am Steuer," F. A. Herbig Verlagsbuchhandlung GmbH, D-8000 München 22, Thomas-Wimmer-Ring 11; pp. 100 and 118 Ingeborg Bachmann, „Kreuzberg 1964" and „Reklame," R. Piper Verlag & Co., D-8000 München 40, Georgenstrasse 4; p. 114 Erich Kästner, „Abschied in der Vorstadt," Atrium Verlag AG, CH-8030 Zürich, Rütlistrasse 4.